バレーボール
勝つ！テーピングのコツ
目的別 ▶ 完全マニュアル

NECレッドロケッツ監修

メイツ出版

はじめに

　バレーボールは、スパイクやブロックでジャンプを繰り返し、レシーブでは瞬間的にボールに飛びつくなど、全身を使った激しい運動を行います。ケガがつきもので、どれだけ予防し、細心の注意を払っていても、避けられないケガが少なくありません。

　バレーボールで多いケガは、足関節捻挫、突き指、肩関節や膝関節の痛みなどです。

　また、アタッカー（サイドアタッカー、ミドルブロッカー）、セッター、リベロといったポジションによっても、動きに特徴があり、負荷のかかるカラダの部位やケガの箇所は変わってきます。

　プレー中に「これ以上動くと痛い」「違和感があるな」「不安だな」と感じ、集中できないことがあると思います。そんなときにテーピングを巻くことで、痛みを緩和できたり、関節を安定させて動くことへの不安を取り除いたりすることができます。

　その他にも、テーピングによって、ケガをした部位の治療、リハビリテーションの段階からスポーツに復帰するときの再発予防、ケガをした際の応急処置を行うこともあります。

　本書では、私が日頃、実際にNECレッドロケッツの選手に行っているテーピングをご紹介します。

　バレーボールを楽しむすべての皆様のお役に立てれば幸いです。

　　　　　　　　　　　　　　　　　　　　小川未央

知っておきたい！

バレーボールにおける 3つのテーピングの役割

①痛みの軽減・抑制

バレーボールでは、筋肉や関節に大きな負荷がかかり、ねんざや打撲、肉離れといったケガがつきものです。軽度の痛みや違和感であれば、筋肉や関節を固定することで動きを制限し、痛みを抑えたり、違和感を解消できたりします。

②ケガの再発防止

一度ケガをした部位は、組織が弱くなっており、周囲の筋力も低下しているため、ケガが再発しやすい状態にあります。テーピングで患部を補強、あるいは保護することで、ケガの再発を防げます。また、テーピングによって安心してプレーできるという心理的な効果も期待できます。

③ケガや脚がつらないための予防

バレーボールでは、指や肩、ヒザや足首などがケガをしやすい部位です。ケガがクセになっている部位を含め、あらかじめテーピングで補強しておくと、ケガを未然に防ぐことができます。また、長時間の練習や競技中に脚がつりやすい人は、ふくらはぎや太ももをサポートしておくのが効果的です。

まだあるテーピングの効果！

他にもテーピングには、応急処置後の固定により悪化を防ぐ、ケガから復帰までのリハビリテーションで、機能回復のサポートとして施す、姿勢、フォームの改善や疲労予防としての役割も担っています。

バレーボール
勝つ！ テーピングのコツ　目的別 完全マニュアル

C O N T E N T S

02　はじめに

03　バレーボールにおける3つのテーピングの目的

08　本書の使い方

10　バレーボールのプレーに活きるテーピングの効果

12　テーピングの種類と必要な道具

14　テーピングの取り扱い方法

16　テーピングの効果を発揮させるために重要なポイント

17　# PART❶ 上半身

18　**指**

ブロックやレシーブでの突き指の痛みを軽減

20　レシーブ時の痛みを予防する親指のテーピング

23　応用編：ブロック時に親指を固定する

24　ブロック時の突き指を予防する人差し指のテーピング

27　応用編：突き指の痛みを抑える

28　プレー時の痛みを予防！小指と薬指を固定するテーピング

30　**手首**

ブロックやレシーブでの手首のケガを予防

31　ブロックやレシーブでのケガを予防する手首のテーピング

34　応用編：小指側が痛むとき

36　応用編：安定性を高めたいとき

38　**ヒジ**

アタックとブロックで感じるヒジの痛みを軽減

39　ヒジの内側を保護するヒジのテーピング

41　応用編：靭帯をサポートする

42 **肩** ....
スパイクの打ち過ぎによる肩の痛み軽減と予防

43 スパイク時のケガを予防する肩のテーピング

45 応用編：肩のサポート力をより高める

47 # PART❷ 体幹部

48 **腰** ....
サーブやスパイクで腰をひねると痛いときに

49 プレー中の痛みを軽減させる腰のテーピング

50 **股関節** ....
レシーブ時に感じる股関節の痛みを軽減する

51 レシーブ時の痛みを和らげる股関節のテーピング

54 応用編：太ももを内側に入れると痛みがあるとき

57 # PART❸ 脚部・足部

58 **ヒザ** ....
ジャンプやレシーブでヒザにかかる負担を軽減する

60 ジャンパーズニーを予防するヒザのテーピング

62 ジャンパーズニーを予防するキネシオタイプのテープを使う

64 ヒザ関節のねじれを予防する前十字靭帯のテーピング

67 応用編：前十字靭帯損傷復帰後に不安がある場合

70 ヒザの外反を予防する内側側副靭帯のテーピング

74 **大腿部** ....
レシーブ時の大腿部の肉離れや打撲の痛みを軽減

75 打撲や肉離れの痛みを軽減する大腿部のテーピング

77 ハムストリングをサポートするテーピング

5

78 **ふくらはぎ・アキレス腱**
ジャンプや着地での衝撃とケガを緩和
79 痛みやケガを予防するふくらはぎ・アキレス腱のテーピング

80 **スネ**
シンスプリントの症状を軽減させたり発症を予防する
81 シンスプリントを予防するスネのテーピング
82 よりスネを圧迫させるシンスプリントのテーピング
83 応用編：脛骨と筋膜の癒着を剥がす

84 **足首**
プレー中の走る・跳ぶ動作で痛む足首をサポートする
85 痛む足首をサポートする足首のテーピング
90 応用編：足首に可動域を出したいとき
94 応用編：キネシオタイプのテープで関節の運動をサポートする
95 外反母趾の痛みを軽減する足裏のテーピング

46 column　ケガをしているときの過ごし方
56 column　ケガをしたときの応急処置

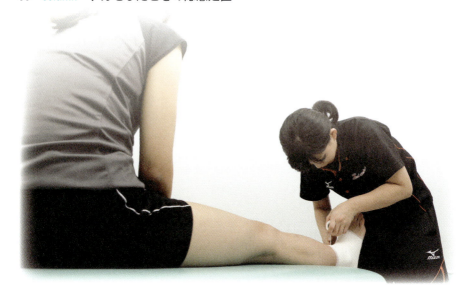

監修者紹介

監修
NECレッドロケッツ

創部40年の伝統あるチーム文化を守り、創造し、発展することを念頭に強く愛されるチームを目指している。また、チームのモットーである"堅守速攻"を武器に総合力で戦うチームであり、近年では2014-15、2016-17シーズンに、V・プレミアリーグの優勝を果たした名門チームでもある。

実技・解説
小川未央
（おがわみお）
（NECレッドロケッツトレーナー）

株式会社リニアート所属。日本体育大学、日本鍼灸理療専門学校を卒業後、株式会社リニアートに入社。2012年NECレッドロケッツのトレーナーに就任、2014年よりヘッドトレーナーとしてチームをサポートしている。

撮影モデル

一関 侃
（いちのせき かん）
（NECレッドロケッツトレーニングコーチ）

松崎美歌
（まつざき みか）
（NECレッドロケッツOG）

本書の使い方

解説編の見方

──テーピングの効果

──使用するテーピング

──テーピングを巻く部位

PART❶ 上半身・指

指 -finger-

ブロックやレシーブでの突き指の痛みを軽減

多数の小さな骨で構成される手の指は、その構造も非常に繊細です。ボールが指に当たってもっていかれることを防いだり、痛みが出る前の予防としてテーピングは有効です。

▼使用するテーピング▼

ソフト伸縮テープ（幅25mm）：親指、小指と薬指で使用

ホワイトテープ（非伸縮テープ・幅13mm）：人差し指で使用

テーピングパッド：小指と薬指で使用

人差し指 (P.24〜)

突き指の痛み軽減と予防

突き指は、ブロックなど伸ばした指先にボールが強く当たり、炎症を起こす指のねんざです。腱の損傷や剥離骨折の可能性もあるので、固定して動かさないようにします。

オーバーハンドパス

【症状】こんなときにオススメ！
・指を伸ばすと痛む
・指を曲げると痛む

【防止】このケガを予防！
・突き指
・突き指の痛みの悪化

親指 (P.20〜)

親指の痛みを軽減

両手の親指はブロック時やオーバーでのレシーブで非常に痛めやすい部位です。関節を曲げると痛むときや反りすぎの防止として、テーピングで固定します。

レシーブ

【症状】こんなときにオススメ！
・指を曲げると痛む
・指が反ると痛む

【防止】このケガを予防！
・突き指
・突き指の痛みの悪化

小指 (P.28〜)

突き指の痛み再発を予防

痛めた指と隣りの指の2本を固定し、指の可動域を制限するとともに痛みの再発を予防します。薬指と小指の固定以外に、薬指と中指との固定も可能です。

ブロック

【症状】こんなときにオススメ！
・指を曲げ伸ばしすると痛む

【防止】このケガを予防！
・突き指
・突き指の痛みの悪化

──テーピングの目的と効果

──テーピングが活きるバレーボールのプレー

3つのポイントをおさえてテーピングの知識をより深めよう！

テーピングの効果をチェック
テーピングを巻くことでもたらされる、具体的な効果を解説ページでチェックしましょう。指や足などは部位ごとに紹介しています。

バレーボールのプレーと連動
ポジションやプレースタイルによって、ケガをする部位や症状は異なるものです。どのようなプレーに活きるかを確認しましょう。

目的別に巻き方を紹介
テーピングは部位ごとに、目的別に紹介しています。ケガの症状や不調にあわせて、個別に取捨選択して実践してみましょう。

巻き方編の見方

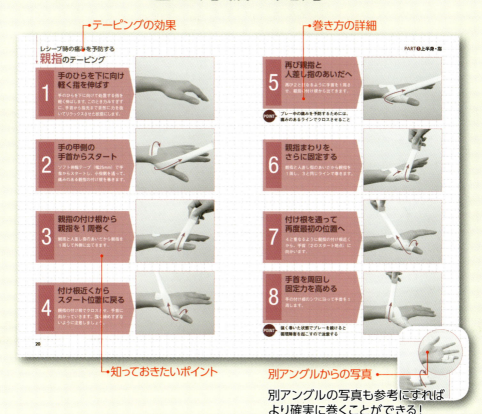

・テーピングの効果
・巻き方の詳細
・知っておきたいポイント
・別アングルからの写真

別アングルの写真も参考にすればより確実に巻くことができる！

連続写真を参考にしながら実際にテーピングを巻いてみよう

写真と解説を参考に実践！

連続写真と解説テキストを参考にテーピングを巻いてみましょう。スタート時の手の向きやテーピングを巻く方向も大切です

ポイントも確認すればより効果的に

より意識したい工程にはポイントを追加して解説しています。テーピングの効果を高めるためにもチェックしましょう

分かりづらいときは矢印をチェック

巻く方向やテーピングの向きが分かりづらいときは、写真とあわせて矢印も確認しながら巻くと良いでしょう

プレーヤーを支える強い味方！

バレーボールのプレーに活きる
テーピングの効果

不安定さを取り除けるため
思い切りプレーすることが可能に

　バレーボール選手にとって、テーピングは欠かせないツールの1つです。テーピングを巻くことで、痛みや違和感を軽減できますので思いきったプレーをすることが可能になります。

　また、テープを巻くことで安定感が生まれ、力を入れやすくなり、本来持つ競技パフォーマンスを出せるだけでなく、より向上させることができます。

　テーピングを巻く目的は、主にスポーツ外傷の予防および再発防止です。そのため、基本は患部に痛みや違和感のあるときになりますが、痛みがなくとも、多少の不安があるときにも巻くことをおすすめします。不安定さを取り除くことができれば、前述した通り、思い切りプレーできますので、パフォーマンスがグッとアップすることでしょう。

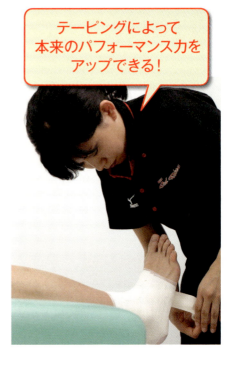

テーピングによって本来のパフォーマンス力をアップできる！

テーピングの5つの効果

1 関節の可動域を制限

ねんざや脱臼などは、関節が正常な範囲を超えて動いたために起こります。関節の可動域を制限して、そうしたケガを予防し、ケガをしている場合であれば、悪化や痛みを防ぎます。

2 患部を正常な状態に固定

患部を正常な状態に固定・保持し、傷害を治りやすくします。急性期を終えた回復期でも、強度を加減してテーピングを行うと、治療やリハビリに有効です。

3 人工的な靭帯・腱の役目

ケガをして本来の機能を失い、弱くなっている部位のサポートとして、人工的な靭帯・腱の役目となります。これによりケガの再発のリスクを軽減します。

4 固定・圧迫し、痛みの緩和

ケガをした直後に患部を固定・圧迫して、腫れや内出血の広がりを防ぎます。圧迫は、打撲や肉離れなどの痛みを和らげることができます。

5 精神的な支え

ケガをすると再発への不安から、本来のパフォーマンスを発揮しにくくなります。そんなときにテーピングをすることで不安を取り除き、安心してカラダを動かせるようになります。

テーピングの種類と必要な道具

テーピングで使用するテープは、伸縮性のあるものとないもので大きく2種類に分けられます。
テープを巻く部位の状態や特性、求めるテーピングの効果に応じて、テープの種類やサイズを選ぶようにしましょう。

ホワイトテープ

（非伸縮テープ・幅38mm）
伸縮性がなく、関節の固定と動きの制限を目的として使用する、最も一般的なテープです。綿製のホワイトテープは、水分を含むと若干伸びる性質があり、水分に強いレーヨン製素材のテープもあります。

ホワイトテープ

（非伸縮テープ・幅13mm・19mm）
幅38mmと同様に伸縮性がなく、関節の固定と動きの制限を目的として使用するテープです。

ソフト伸縮テープ

（幅50mm・75mm）
幅25mmのものと同じように、軽めのサポートに適しています。テーピングの仕上げとしてオーバーラッピングに使用することも多いテープです。カラダの各部で活用されます。

ソフト伸縮テープ

（幅25mm）
手で簡単に切ることができ、軽めのサポートに適しています。テーピングの仕上げとしてオーバーラッピングに使用することが多く、25mmは指のテーピングで多く使用します。

ハード伸縮テープ

（幅50mm・75mm）
伸縮性があり、支持力、圧迫力、弾力性に優れています。カラダの各部にフィットしたソフトな固定が可能で、復元性もあります。可動域の大きな部分や関節であるヒザや肩、ヒジなどに使用します。

アンダーラップ

ウレタン製で伸縮性があり、柔らかく肌触りがソフトな皮膚を保護するためのラップです。アンダーラップを巻くと全体の固定力はやや弱まります。

バンテージ

（伸縮包帯）
厚みがあり、ソフトな素材の伸縮性の高い包帯です。アイシングの固定や股関節のテーピングに使用します。

キネシオタイプのテープ

筋肉や皮膚と同じ程度伸縮するため、筋肉や靭帯、腱に沿って使います。筋肉の動きを補強し、疲労や痛みを軽減できるのが特徴です。

ハサミ

先が丸く、皮膚を傷つけないテーピング専用のハサミです。巻いたテーピングを取り外すときや、テープを切るときに使用します。

足台

ヒザ関節にテーピングをする際に、姿勢を正しく保つために使う台です。

パッド

患部の圧迫や、クッション性を持たせて保護するために使用する、スポンジ製のパッドです。形状は必要に応じて加工します。

COLUMN

アンダーラップの役割

皮膚が弱い部分や、体毛のある部分の保護のために、テーピングの最初に巻きます。

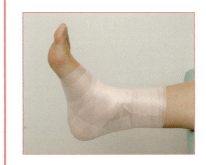

ヒール&レースパッド

ワセリン（過敏な部分を保護する軟膏）を塗り、テーピングの前に皮膚のデリケートな部位にあてて使用します。ガーゼで代用することも可能です。

テーピングの取り扱い方法

テーピングの効果を高めるためには、正しい手順とテープを巻く方向が大切です。滞りなくスムーズにテープを操り、患部に的確に巻いていくための基本的な扱い方を紹介します。

テーピングの持ち方

中指を芯に入れて持つ

テープは芯の穴を縦にし、先端が手前から出てくる向きに持ちます。利き手の中指、または人差し指をテープの芯の穴に上から入れ、親指を使って軽く挟みます。

テーピングの切り方

❶

❷

利き手でテープの端を押し切る

両手の親指と人差し指でテープの上の端を持ち、利き手の親指でテープの端を押し出すように切ります。

テープをねじるようにして切ろうとすると、テープ同士がよじれてしまい、きれいに切ることができません。

テーピングの剥がし方

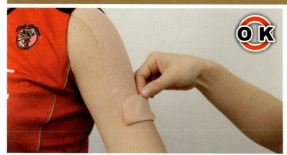

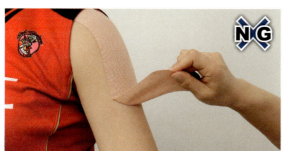

皮膚を押さえながら水平にゆっくり剥がす

テープを剥がしていく部分の皮膚を手で押さえながら、テープを折り返して患部の皮膚と平行にゆっくり引いて剥がします。体毛の根元から先端方向へ、患部をなめるように剥がしましょう。

患部の皮膚に対して、直角に上に引っ張るように剥がすと、皮膚が伸ばされ体毛も引っ張られて痛みを与えてしまいます。また、毛並みに逆らって剥がすと、痛みを強くともない、体毛が抜けてしまうので注意しましょう。

ハサミで切って剥がすとき

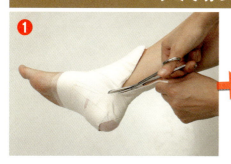
❶

❷

❸

骨に当たらない方向にハサミを差し込んで切る

足やヒザなどテープを多めに巻いた部位は、ハサミで切ってしまうのがスムーズです。切り始めの部分を指でつまみ、テープと皮膚のあいだにすき間を作ってから、ハサミを入れます。皮膚を傷つけないように、くるぶしなどの出っ張った骨を避けて、慎重に切っていきます。

テーピングの効果を発揮させるために
重要なポイント

3つのポイント

正しい姿勢

正しい巻き方

正しい方向

正しい知識を身につけることで効率良く巻くことができる

テープを巻くときは、「正しい姿勢」「正しい巻き方」「正しい方向」を意識しましょう。

姿勢が悪いままで巻くと、テープにシワが寄ったり、固定が不安定になったりします。また、テープを正しく扱い、正しい手順と方向で巻かないと、テーピングの効果が落ちます。巻くときのテンションにばらつきがあると、皮膚のトラブルや血行障害などの原因にもなるため、正しい知識と方法を身につけることが大切です。

知っておきたいテーピングの注意事項

① テープを巻く部分の状態やケガの程度を確認する
② 目的に応じたテープの種類とサイズを選ぶ
③ すり傷や切り傷は絆創膏などで処置する
④ 巻く部位の汚れを取り除き、清潔にして乾燥させる
⑤ テーピングの効果を下げる体毛は、可能な限り剃る
⑥ 皮膚を保護したい部位にはアンダーラップを使用する
⑦ 摩擦の生じやすい箇所はワセリンを塗った専用パッドをあてる
⑧ たるみやシワ、すき間を開けずに一定の張力で貼る
⑨ テーピング直後に循環・神経障害の有無を確認する
⑩ 運動後は速やかにテープを剥がす

PART ① 上半身

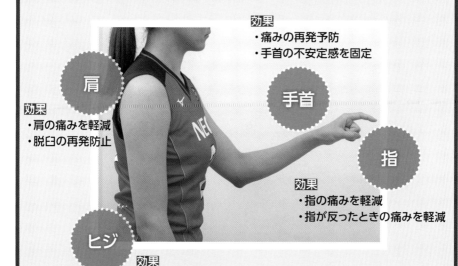

効果
・痛みの再発予防
・手首の不安定感を固定

肩

効果
・肩の痛みを軽減
・脱臼の再発防止

手首

指

効果
・指の痛みを軽減
・指が反ったときの痛みを軽減

ヒジ

効果
・ヒジの痛み予防

バレーボールでは、おもに指や手首、肩、ヒジなどが上半身でケガをしやすいと言われています。指と手首は突発的に、肩やヒジはオーバーユース（使いすぎ）で起こることが多く、痛みを感じたらすぐに応急処置を施してから、テーピングを行うようにします。

指 -finger-

ブロックやレシーブでの突き指の痛みを軽減

多数の小さな骨で構成される手の指は、その構造も非常に繊細です。ボールに指が当たってもっていかれることを防いだり、痛みが出る前の予防としてもテーピングは有効です。

▼ 使用するテーピング ▼

ソフト伸縮テープ
(幅25mm)
:親指、小指と薬指で使用

ホワイトテープ
(非伸縮テープ・幅13mm)
:人差し指で使用

テーピングパッド
:小指と薬指で使用

親指 (P.20〜)

親指の痛みを軽減

両手の親指はブロック時やオーバーでのレシーブで非常に痛めやすい部位です。関節を曲げると痛むときや反りすぎの防止として、テーピングで固定します。

症状 こんなときにオススメ！
・指を曲げると痛む
・指が反ると痛む

防止 このケガを予防！
・突き指
・突き指の痛みの悪化

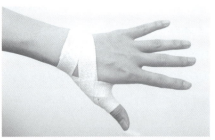

レシーブ

18

PART❶ 上半身・指

人差し指 (P.24〜)
突き指の痛み軽減と予防

突き指は、ブロックなど伸ばした指先にボールが強く当たり、炎症を起こす指のねんざです。腱の損傷や剥離骨折の可能性もあるので、固定して動かさないようにします。

症状 こんなときにオススメ！
- 指を伸ばすと痛む
- 指を曲げると痛む

防止 このケガを予防！
- 突き指
- 突き指の痛みの悪化

オーバーハンドパス

小指 (P.28〜)
突き指の痛み再発を予防

痛めた指と隣りの指の2本を固定し、指の可動域を制限するとともに痛みの再発を予防します。薬指と小指の固定以外に、薬指と中指との固定も可能です。

症状 こんなときにオススメ！
- 指を曲げ伸ばしすると痛む

防止 このケガを予防！
- 突き指
- 突き指の痛みの悪化

ブロック

19

レシーブ時の痛みを予防する
親指のテーピング

1 手のひらを下に向け軽く指を伸ばす

手のひらを下に向けて処置する指を軽く伸ばします。このとき力みすぎずに、手首から指先まで自然に力を抜いてリラックスさせた状態にします。

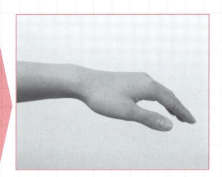

2 手の甲側の手首からスタート

ソフト伸縮テープ（幅25mm）で手首からスタートし、小指側を通って、痛みのある親指の付け根を巻きます。

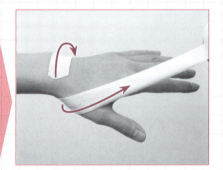

3 親指の付け根から親指を1周巻く

親指と人差し指のあいだから親指を1周して外側に出てきます。

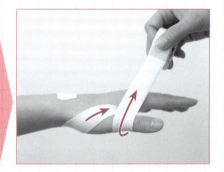

4 付け根近くからスタート位置に戻る

親指の付け根でクロスさせ、手首に向かっていきます。強く締めすぎないように注意しましょう。

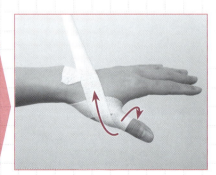

PART❶ 上半身・指

5 再び親指と人差し指のあいだへ

再び2と重なるように手首を1周させ、親指の付け根から出てきます。

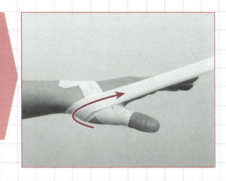

 プレー中の痛みを予防するためには、痛みのあるラインでクロスさせること

6 親指まわりを、さらに固定する

親指と人差し指のあいだから親指を1周し、3と同じラインで巻きます。

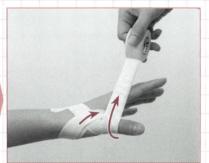

7 付け根を通って再度最初の位置へ

4と重なるように親指の付け根近くから、手首（2のスタート地点）に向かいます。

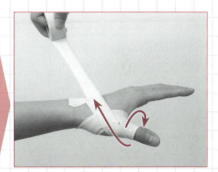

8 手首を周回し固定力を高める

手の付け根のシワに沿って手首を1周します。

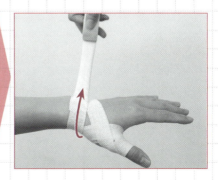

 強く巻いた状態でプレーを続けると循環障害を起こすので注意する

レシーブ時の痛みを予防する
親指のテーピング

9 3回目の親指と人差し指のあいだへ

手首をもう1周し、親指の付け根から、親指と人差し指のあいだへと向かいます。

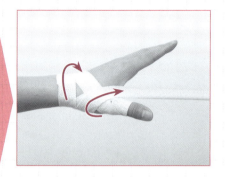

10 付け根から手首に

親指と人差し指のあいだから親指の付け根を1周します。

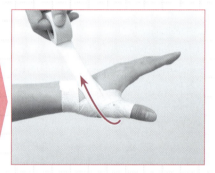

11 最後にもう一度、手首を巻く

最後に7〜8と重なるように手首を1周し、適当なところでテープを切ります。

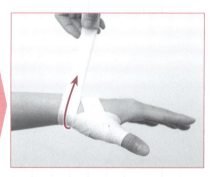

12 巻く回数は強度に合わせる

固定したい強さに合わせて、親指や手首の周回を一重にしたり二重にしたりしてください。

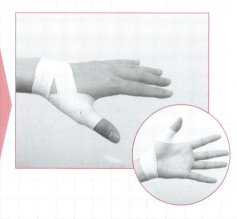

親指のテーピング・応用編

PART❶ 上半身・指

ブロック時に親指を固定する

ブロックなどで強烈なボールに親指が弾かれて、痛みが生じるケースがあります。テーピングで固定し、親指が反りすぎないようにします。

症状 こんなときにオススメ！
・親指を反らすと痛い

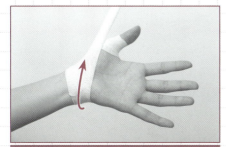

1 親指の付け根に沿わせる

P18〜20に引き続き、親指を上にした状態で、手首を1周してから、親指の付け根に沿わせるように巻いていきます。

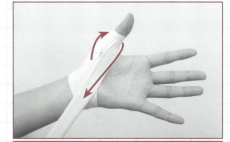

2 付け根を1周させる

指の付け根を1周させ、手のひらを通って巻き始めたポイントに戻ります。

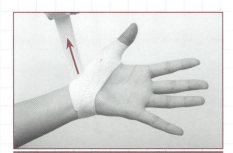

3 手首の外側を周回する

そのまま手首の小指側から手首を1周します。適度な強度になるように親指の角度を調整してください。

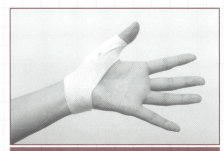

4 適度な強度で固定する

親指が付け根から後ろに反りすぎないように固定できたら完成です。

ブロック時の突き指を予防する
人差し指のテーピング

1 痛めた指を自然に伸ばす

手のひらが下になるように手を軽く握り、受傷した人差し指だけを軽く曲がる程度まで伸ばします。

  軽く指を曲げた状態で巻くことで、プレーにテーピングの影響を及ぼさない

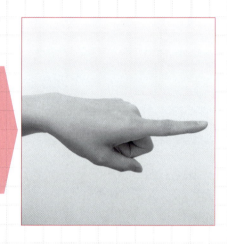

2 付け根の上にホワイトを1周巻く

ホワイトテープ（非伸縮テープ・幅13mm）を、指の付け根と第二関節のあいだに1周巻きます。

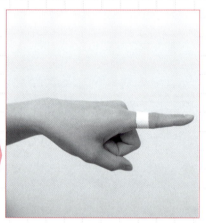

3 第二関節の上に1周巻く

同じように、第二関節と第一関節のあいだに1周巻きます。

  第二関節をはさむように巻く

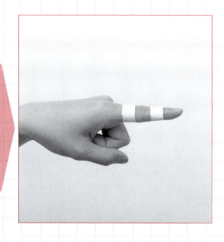

PART❶ 上半身・指

4 側面を通ってななめに貼る

2で巻いたテープの内側から、3で巻いたテープの外側へ、指の側面（側副靱帯）を通ってななめにテープを貼ります。

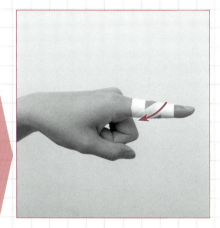

5 交差させるようにななめに貼る

2で巻いたテープの外側から、3で巻いたテープの内側へ、指の側面（側副靱帯）を通って、4と交差するようにななめにテープを貼ります。

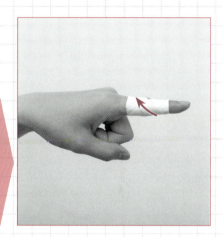

6 指の側面にまっすぐ貼る

2で巻いたテープから3で巻いたテープへ、指の側面（側副靱帯）にまっすぐテープを貼ります。

 テーピングのクロス部分に痛みの部位がくるように巻くことで効果アップ

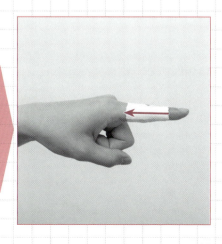

ブロック時の突き指を予防する
人差し指のテーピング

7 付け根の上にもう1周巻く

2に重ねるようにして、指の付け根と第二関節のあいだに1周巻きます。

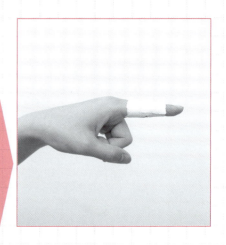

8 第二関節の上にもう1周巻く

3に重ねるようにして、第二関節と第一関節のあいだに1周巻きます。

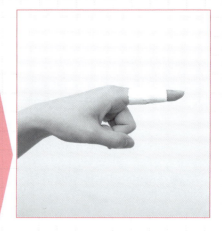

9 関節の動きを制限できたら完成

痛む箇所に交差させてテープを貼ることで、関節の動きを制限させられたら完成です。

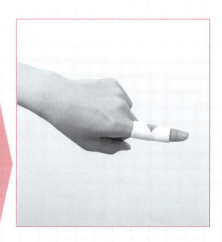

人差し指のテーピング・応用編

PART❶ 上半身・指

突き指の痛みを抑える

突き指による炎症では、指を曲げると痛むというケースもあります。その場合はテープをらせん状に巻き、関節を曲げにくい状態で固定します。

症状 こんなときにオススメ！
・指を曲げると痛む

防止 このケガを予防！
・症状の悪化

1 付け根の上に1周巻く

ホワイトテープ（非伸縮テープ・幅13mm）で指の付け根と第二関節のあいだに1周巻きます。

2 第二関節の上に1周巻く

同じように、第二関節と第一関節のあいだに1周巻きます。

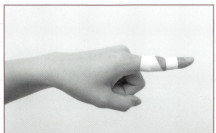

3 指先に向かって、らせん状に巻く

1で巻いたテープから2で巻いたテープにかけて、ななめに巻きつけていきます。

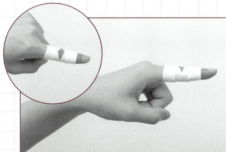

4 交差させながら、らせん状に巻く

痛みの部位で左右のテーピングが交差するように、らせん状に3と逆方向に巻きます。

プレー時の痛みを予防！
小指と薬指を固定するテーピング

1 痛めた指を、しっかり固定する

小指が痛い場合、ホワイトテープ（非伸縮テープ・幅13mm）を使用し、指の付け根と第二関節のあいだに1周、第二関節と第一関節のあいだに1周巻き、指先に向かって2本を交差させるようにらせん状に巻きます。

テーピングを巻くときは指を軽く曲げた状態からスタートする

2 2本の指のあいだにパッドをはさむ

痛む指とその隣りの指（ここでは小指と薬指）のあいだに、適当な大きさに切ったテーピングパッドをはさみます。

パッドを挟むことによって指同士がこすれないので、プレー中の窮屈感を排除できる

3 2本の指をまとめて固定する

テーピングパッドをはさみ、2本の指をつけたまま、ソフト伸縮テープ（幅25mm）で2本の指を固定します。

PART❶ 上半身・指

4 付け根の上を1〜2周する

2本の指の付け根と第二関節のあいだを1〜2周します。

5 第二関節の上を1周する

2本の指の第二関節と第一関節の間を1周します。

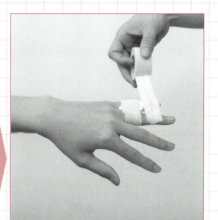

6 隣りの指が添え木となる

痛めた指の隣りの指（ここでは薬指）を「添え木」として使うことで、固定力が増し、痛めた指が横にブレる動きを防ぎます。

 テーピングを巻くことでブロック時に指をもっていかれづらくなりケガを防止できる

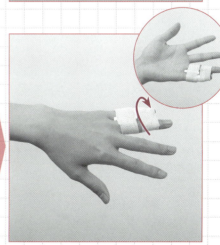

手首 -wrist-

ブロックやレシーブでの手首のケガを予防

手首のケガはあらゆるプレーに影響を及ぼします。少しでも痛みを感じたら、テーピングなどですばやく処置し、痛みがなくとも日頃から予防することをオススメします。

▼ 使用するテーピング ▼

アンダーラップ

ソフト伸縮テープ
（幅50mm）

ホワイトテープ
（非伸縮テープ・幅19mm）

手首 (P.31〜)
手首の痛みを軽減・予防

手首は、ブロックやアンダーでのレシーブで強いボールが当たり痛みが出ることが多い部位です。無理な体勢でコートに手をついたりして痛めることもあります。

症状 こんなときにオススメ！
・手首を動かすと痛い
・グラグラする感じがある

防止 このケガを予防！
・痛みの再発
・手首の不安定感

レシーブ

ブロックやレシーブでのケガを予防する
手首のテーピング

PART❶ 上半身・手首

1 皮膚を保護する アンダーラップを巻く

テープを巻く部位の皮膚を保護するために、下地としてアンダーラップを巻きます。固定や圧迫が目的ではないので、きつく締める必要はありません。

　手のひらを広げた状態で巻くことでプレー中の循環障害を防ぐことができる

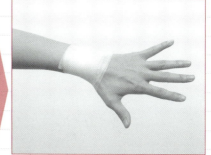

2 手の甲を上にし テープを巻き始める

ソフト伸縮テープ（幅50mm）で、手の付け根のシワあたりからテープを巻き始めます。

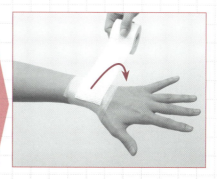

3 伸縮テープは2周 張力を強めすぎない

ソフト伸縮テープ（幅50mm）を2周巻きます。強すぎる張力をかけないように注意しましょう。

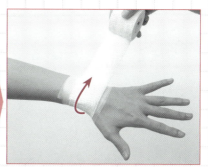

4 適度な強さで 固定する

指の動きについて違和感がないのが理想です。循環障害を防ぐためにも必要以上にきつく絞めつけないようにします。

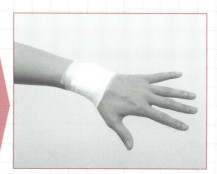

ブロックやレシーブでのケガを予防する
手首のテーピング

5 伸縮テープに重ねてホワイトを巻く

ホワイトテープ（非伸縮テープ・幅19mm）をソフト伸縮テープの小指側の出っ張っている骨よりヒジ側から、重ねるように1周します。

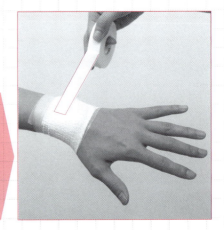

6 1本目からズラしてホワイトを巻く

5で巻いたホワイトテープからテープの幅の半分くらい手の側にズラして、再びホワイトテープを1周巻きます。

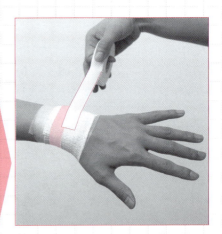

7 2本目からズラしてホワイトを巻く

6で巻いたホワイトテープからテープ幅の半分くらい手の側にズラして、さらにホワイトテープを1周巻きます。

 ホワイトテープの本数で固定力を調整することができる

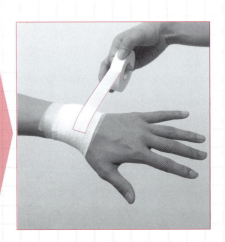

PART❶ 上半身・手首

8 最後のホワイトを伸縮の端に重ねる

最後にホワイトテープをもう1周、伸縮テープのもっとも手の側の端に重なるように巻きます。

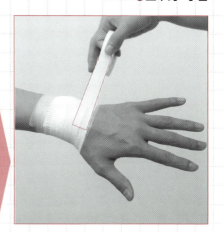

9 手首を固定して完成

手首が固定されれば完成です。比較的簡単な方法ですが、締めつけが強すぎると、血流が遮断されてしまうので注意しましょう。

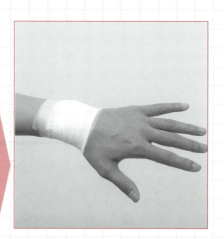

COLUMN

ホワイトで圧迫し安定させる

ホワイトテープを重ねて巻くことで、より手首の固定感が高まります。強く巻き過ぎてしまうと循環障害を起こしたり、プレー中に違和感を感じることもあるので、様子を見ながら調整することが大切です。

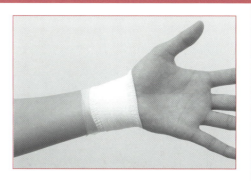

手首のテーピング・応用編

小指側が痛むとき

手首をひねってスパイクやサーブを打ったりして、手首の小指側に痛みがあるのは、手首の小指側にある靭帯や関節円盤などのクッション機構が損傷している可能性があります。

> **症状** こんなときにオススメ！
> ・手首を小指側に倒すと痛い
> ・手をつくと痛い

> **防止** このケガを予防！
> ・症状の悪化

1 アンダーラップを巻く

皮膚の保護を目的として下地となるアンダーラップを巻きます。ここではきつく締める必要はありません。

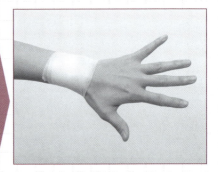

2 ソフト伸縮テープを2周巻く

ソフト伸縮テープ（幅50mm）で、アンダーラップの上から2周巻きます。強すぎる張力をかけないこと。

3 ホワイトテープを半分に割く

ホワイトテープ（非伸縮テープ・幅19mm）を手首1周分の長さに切り、縦に半分に裂きます（裂いていない部分を2cmくらい残す）。裂いていない側を手首の小指側にあてて巻き始めます。

POINT 骨の出っ張っている部分（尺骨）を固定することで効果を発揮する

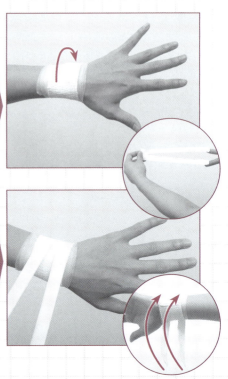

PART①上半身・手首

4 尺骨を挟みこんで1周巻く

テープの裂いた部分で、小指側の出っ張っている骨をはさみこむようにして手首を1周巻いていきます。

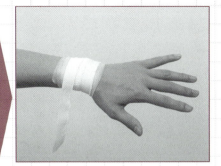

5 裂いた2本を手首に巻きつける

最後の部分は裂いた2本を手首に巻きつけて終えます。しっかり固定できていることを確認します。

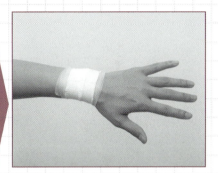

6 裂いたホワイトを逆回りで巻く

3のように手首1周分の長さに切り、縦に半分に裂いたテープを、3とは逆回りで巻いていきます。ここでも尺骨を挟みこみましょう。

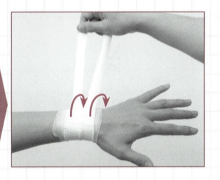

7 固定力を確認できたら完成

5よりさらに固定力が増したことを実感できるはずです。相手の強打をブロックするなどの場面で痛みを抑制できるでしょう。

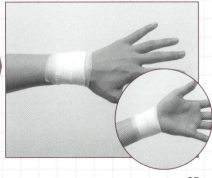

 床際のアンダーパスやブロック時に小指側の手首が痛むのを予防する効果もある

手首のテーピング・応用編

安定性を高めたいとき

P31〜33の基本的な巻き方では、固定力が足りない、なんとなく不安定さを感じるという場合は、テープを手まで伸ばして巻くことで、より固定力が増し、安定性を高められます。

症状 こんなときにオススメ！
・手首を動かすと痛い
・グラグラする感じがある

防止 このケガを予防！
・症状の悪化

1 アンダーラップを手の甲まで巻く

皮膚を保護するために、アンダーラップを手首と手の甲に、親指を挟みこむように巻きます。最後は手首に戻ってきます。

 POINT 手を広げて巻くことでプレー中に窮屈感を感じることがなくなる

2 ソフト伸縮テープを手首の上部から巻く

ソフト伸縮テープ（幅50mm）で、手首の上部からアンダーラップに重ねるように巻いていきます。

3 親指を挟んで手の甲まで巻く

手首を2周し（2周目は手のひら側にテープ幅の半分ほどズラす）、3周目は手のひらを通って、人差し指と親指のあいだから手の甲を1周させ、最後は手首に戻ってきます。

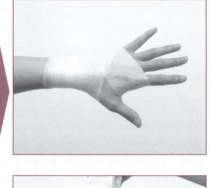

PART❶ 上半身・手首

4 手首にホワイトを1周巻く

ホワイトテープ（非伸縮テープ・幅19mm）を小指側の出っ張っている骨よりもヒジ側から巻き始め、手首を1周させます。

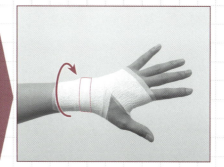

5 ホワイトの2周目を巻く

4のテープからテープ幅の半分ほど指側にズラして、ホワイトテープをもう1周します（2周目）。

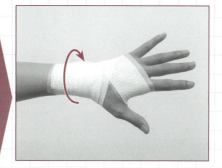

6 ホワイトの3週目を巻く

5のテープからテープ幅の半分ほど指側にズラして、ホワイトテープをさらに1周します（3周目）。

7 ホワイトを4周巻いて完成

6のテープからテープ幅の半分ほど指側にズラして、ホワイトテープを最後にもう1周します（4周目）。これで安定性が向上します。

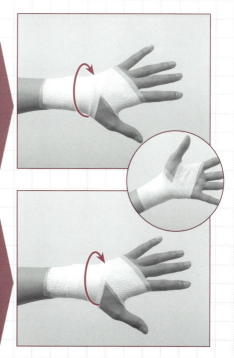

 ブロックや床際のアンダーディグで有効！小指側が痛むときも効果がある

ヒジ -elbow-

アタックとブロックで感じる ヒジの痛みを軽減

スパイクのようなヒジをひねるような動作を繰り返すと、内側側副じん帯に炎症が起こりやすくなります。また、ブロックで強打を受けて痛みがでることもあります。

▼ 使用するテーピング ▼

アンダーラップ

ソフト伸縮テープ
（幅50mm）

ハード伸縮テープ
（幅50mm）

ヒジ (P.39〜)

ヒジ内側の痛みを軽減・予防

ヒジは構造上、スパイクなど腕を振る動作を続けると、内側に負担が蓄積します。テーピングで動きをサポートしましょう。

症状 こんなときにオススメ！
・ヒジをひねると痛い
・ヒジを伸ばすと痛い

防止 このケガを予防！
・痛みの再発
・ヒジの内側の痛み予防

スパイク

38

ヒジの内側を保護する
ヒジのテーピング

PART❶ 上半身・ヒジ

1 上腕から前腕にアンダーラップを巻く

皮膚を保護するために下地となるアンダーラップを、上腕のもっとも太い部分から前腕のもっとも太い部分にかけて巻きます。

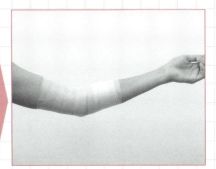

 ヒジを軽く曲げた状態から巻きはじめることでしっかりと固定することができる

2 上腕の太い部分に伸縮テープを巻く

ソフト伸縮テープ（幅50mm）を上腕のもっとも太い部分に、強く巻きすぎないように1周します。

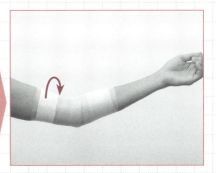

3 前腕の太い部分に伸縮テープを巻く

ソフト伸縮テープ（幅50mm）を前腕のもっとも太い部分に、強く巻きすぎないように1周します。

4 痛む箇所を通ってななめに貼る

前腕の裏から上腕まで、痛む箇所を通るようにハード伸縮テープ（幅50mm）をななめに貼ります。ハード伸縮テープは上腕の伸縮テープに収まる長さで、ハサミで切ります。

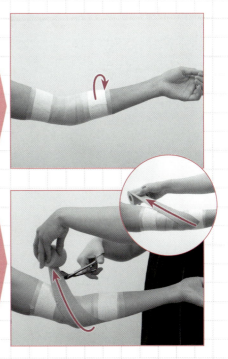

 痛みのあるポイントで交差させることで、プレー中の痛みを軽減することが可能

39

ヒジの内側を保護する
ヒジのテーピング

5 テーピングがズレていないか確認する

テープがずれないようにし、ヒジの関節の固定具合を確認します。

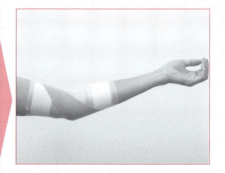

6 もう1本テープをななめに貼る

前腕の外側から上腕の内側に向かって痛む箇所を通るようにハード伸縮テープ（幅50mm）をななめに貼り、上腕の裏側で止めます。

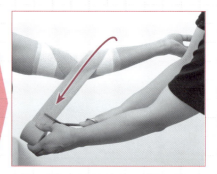

7 2本のテープを交差させる

痛む箇所で2本のテープを交差させ、曲げ伸ばしの動きをしっかり制限します。

 ヒジを曲げ伸ばししたときに、違和感がない状態にしておくことがポイント

8 痛む箇所を通って伸縮テープを貼る

痛む箇所を通るようにハード伸縮テープ（幅50mm）を上腕から前腕にまっすぐ貼り、上下にソフト伸縮テープを巻いて完成です。

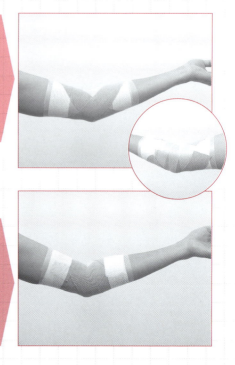

人差し指のテーピング・応用編

PART❶ 上半身・ヒジ

靭帯をサポートする

基本のテーピングの上にさらにテーピングを重ねることで、靭帯をしっかりサポートできます。ヒジが痛むとき以外にも、治りかけで不安がある場合に有効です。

症状 こんなときにオススメ！
- ヒジをひねると痛い
- ヒジを伸ばすと痛い

防止 このケガを予防！
- 関節・ヒジの内側の痛み

1 ヒジの内側を保護するテーピングを巻く

P39〜40の、ヒジの内側を保護するテーピングを巻き、P40の8の状態から始める。

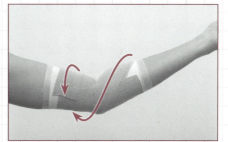

2 ハード伸縮を、らせん状に貼る

前腕の外側から上腕の内側に向かい、痛む箇所を通るようにハード伸縮テープ（幅50mm）をらせん状に1周します。

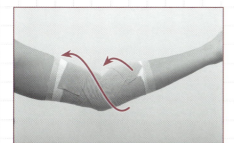

3 ハード伸縮を交差させて貼る

2と逆方向に向かって、痛む箇所を通るようにハード伸縮テープ（幅50mm）をらせん状に貼ります。

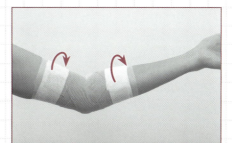

4 上腕と前腕にソフト伸縮を巻く

ソフト伸縮テープ（幅50mm）を上腕と前腕のもっとも太い部分にそれぞれ1周ずつ巻きます。

肩 -shoulder-

スパイクの打ち過ぎによる肩の痛み軽減と予防

パワーを生かしたスパイクを多く打つアタッカーは、肩の酷使から炎症や痛みを引き起こすケースが多くあります。

▼ 使用するテーピング ▼

キネシオタイプのテープ
（幅50mm）

肩 (P.43〜)

肩の痛みを軽減

肩関節は関節の中でも可動域がもっとも広く、上腕骨、鎖骨、肩甲骨によって巧みな動きができます。それだけに無理をしやすいので、違和感があれば早めに対処しましょう。

症状 こんなときにオススメ！
・肩を動かすと痛い
・腕を上げると痛い

防止 このケガを予防！
・痛みの再発
・腱板のサポートで痛み軽減

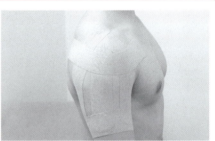

スパイク

スパイク時のケガを予防する
肩のテーピング

PART❶ 上半身・肩

1 テープを上腕の正面から貼る

キネシオタイプのテープ（幅50mm）を上腕の正面から三角筋を囲むようにして腕の付け根（肩の上部）まで貼ります。

POINT カラダの大きい人は75mmでもよい

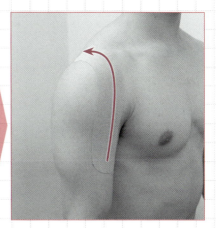

2 テープを上腕の側面に貼る

キネシオタイプのテープ（幅50mm）を上腕の側面から三角筋を覆うようにして肩の上部まで貼ります。

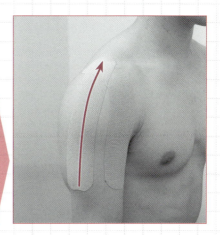

3 テープを上腕の背面から貼る

キネシオタイプのテープ（幅50mm）を上腕の背面から三角筋を囲むようにして肩の上部まで貼ります。

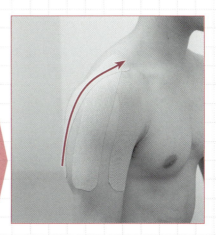

スパイク時のケガを予防する
肩のテーピング

4 肩を後ろに引っ張るように貼る

キネシオタイプのテープ（幅50mm）を大胸筋の上部から肩甲骨まで水平方向に貼ります。三角筋の上部を覆うように貼ったら完成です。

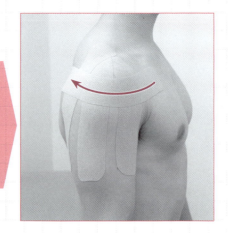

5 上腕の太い部分を1周巻く

1〜3の下部が剥がれそうなときは、キネシオタイプのテープ（幅50mm）を上腕のもっとも太い部分で1周巻くことで、しっかり固定できます。

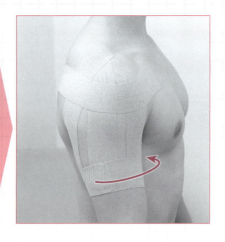

 POINT ブロック時やヒット時に痛みがあったり、肩に不安感がある場合に効果を発揮する

COLUMN

テープの端を丸くカットする

キネシオタイプのテープは使用する前にあらかじめハサミで端を丸く切っておくと、貼ったときに剥がれにくくなります。

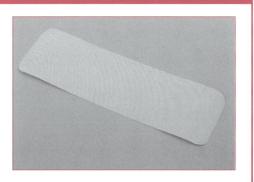

肩のテーピング・応用編

PART❶ 上半身・肩

肩のサポート力を より高める

基本のテーピングを巻き終えたら、上腕のもっとも太い部分を回り、腕の付け根に向かって前後からサポートすることで、固定力をより高めることができます。

症状 こんなときにオススメ！
・肩に安定感を出したい

防止 このケガを予防！
・肩の不安定感
・脱臼の再発予防

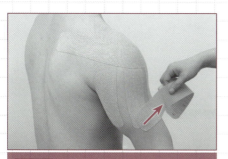

1 上腕の太い部分から巻き始める

P43～44に引き続き、キネシオタイプのテープ（幅50mm）を上腕のもっとも太い部分の側面から巻き始めます。

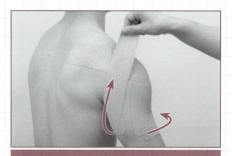

2 背面に回り肩の上部まで伸ばす

上腕の正面から背面に回り、そのまま上部方向に伸ばして肩関節を囲むように肩の上部まで貼ります。

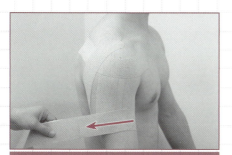

3 上腕の太い部分から逆向きに巻く

1と同じところから、キネシオタイプのテープ（幅50mm）を上腕の背面に向かって巻き始めます。

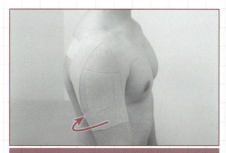

4 正面に回って腕の付け根まで伸ばす

上腕の背面から正面に回り、そのまま上部方向に伸ばして、肩関節を囲むように腕の付け根まで貼ります。

column 01

…ケガをしているときの過ごし方…

ケガをしたときに新たな発見を生むことがある

　本書では、バレーボールをプレーする上で必要な各部位のテーピングを紹介していますが、最終的にはテーピングなしで、自分自身のカラダでバレーボールをプレーできることが理想です。

　そのためには、ケガをした際の応急処置やリハビリをしっかり行ない、筋力を強化して、ケガを完治させることが必要だと言えます。

　ケガをして練習や試合を休むことはとてもツラいことですし、精神的にもネガティブになりがちです。しかし、安静中やリハビリ中にバレーボールから少し離れてみると、自分自身のカラダや心と向き合うことができ、「こういうカラダの使い方をすれば良いのか」と新たな発見ができたり、「やっぱりバレーボールが好きだなあ」と改めて感じることもできるでしょう。そうした思いが、復帰後のプレーや今後のバレーボール人生につながってくると思います。

　ケガを抱えてしまったときこそ、ぜひ前向きな気持ちで過ごせるように心がけましょう。

PART ② 体幹部

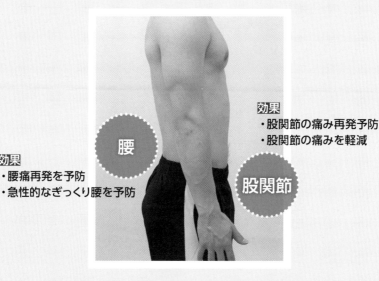

腰
効果
・腰痛再発を予防
・急性的なぎっくり腰を予防

股関節
効果
・股関節の痛み再発予防
・股関節の痛みを軽減

体幹部では腰と股関節がケガをしやすい部位です。バレーボールにおける腰痛の多くは、筋肉や筋膜の肉離れ、使いすぎによる慢性疲労性腰痛です。テーピングを有効活用して、できるだけ痛みなく快適にプレーができることを目指しましょう。

腰 -waist-

サーブやスパイクで腰をひねると痛いときに

首からお尻まで連なる脊柱は横から見るとS字状のカーブを描いています。なんらかの原因で腰がまっすぐになったり、逆向きのカーブが強くなると腰への負担が増します。

▼ 使用するテーピング ▼

キネシオタイプのテープ
（幅75mm）

腰 (P.49〜)

腰まわりの筋肉をサポート

腰には、前にかがむ、後ろに反る、横に倒す、回すなどの動きがあり、あらゆるプレーで痛める可能性があります。腰まわりの筋肉をサポートすることで痛みが軽減します。

症状 こんなときにオススメ！
・腰を動かすと痛い
・腰を反ると痛い

防止 このケガを予防！
・痛みの再発
・急性的なぎっくり腰

サーブ

プレー中の痛みを軽減させる
腰のテーピング

PART❷ 体幹部・腰

1 背骨の左側に垂直に貼る

前傾の姿勢をとり、キネシオタイプのテープ（幅75mm）を殿部の上部から背骨の左側に垂直に貼ります。

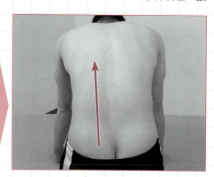

2 背骨の右側に垂直に貼る

1と同じように、キネシオタイプのテープ（幅75mm）を背骨の右側に垂直に貼ります。

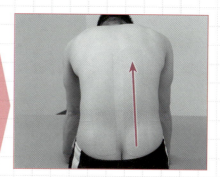

3 2本のテープで痛む箇所をはさむ

垂直に貼った2本のテープを傷む箇所をはさむように、もしくは痛みの部位の真上に貼ります。

 POINT 腰を起こしたときにシワになるように貼るのがポイント。プレー時に腰部を安定させる

4 痛む箇所を通り水平に貼る

キネシオタイプのテープ（幅75mm）を腰骨の上端の左右をつなぐように貼ります。2枚目は半分上にズラして貼ります。

 POINT 横にテープを貼るときはお腹に力を入れるとよりテーピングの効果を発揮できる

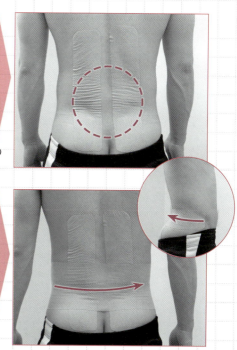

49

股関節 -coxa-

レシーブ時に感じる股関節の痛みを軽減する

太ももの骨と骨盤を結ぶ股関節の痛みは、太ももの動きに関係します。股関節の外転（太ももを開く）で痛いと、レシーブなどで腰を落とす体勢をつくりづらくなります。

▼ 使用するテーピング ▼

バンテージ
（伸縮包帯）

ソフト伸縮テープ
（幅50mm）

股関節 (P.51〜)

股関節の外転を抑える

股関節の痛みにも様々なケースがありますが、もっとも多いのは太ももを外転させた場合。悪化すると歩くだけでも痛みを感じます。

症状 こんなときにオススメ！
・太ももを開くと痛い
・痛みの軽減

防止 このケガを予防！
・痛みの再発
・痛みの軽減

レシーブ

レシーブ時の痛みを和らげる
股関節のテーピング

PART❷ 体幹部・股関節

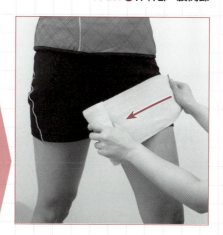

1 太もも最上部から巻き始める

太ももを開くと痛い側の股関節の外側を始点とし、バンテージ（伸縮包帯）を引っ張りながら太ももの最上部にあてて巻き始めます。

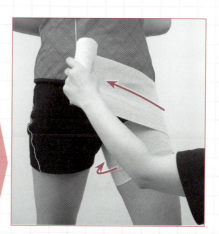

2 太もも最上部を1周させる

太ももの後ろを回すようにして太もも最上部を1周させ、始めの位置からそのまま前に運びます。

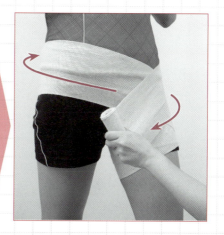

3 背後に回して股関節の前に戻る

反対の骨盤の上から背後に回し、腰をおおうようにして股関節の前に戻ってきます。

 痛みを感じる部分でテーピングをクロスさせるように心がける

レシーブ時の痛みを和らげる
股関節のテーピング

4 太もも最上部をもう1周させる

2に重ねるように太もも最上部をもう1周させ、始めの位置からそのまま前に運びます。

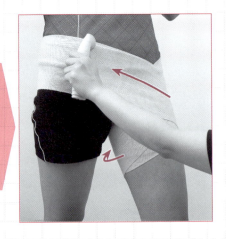

5 背後をまわって股関節の前に戻る

3に重ねるように反対の骨盤の上から背後に回し、腰をおおって股関節の前に戻ってきます。バンテージを巻き終えたら端を本人に抑えてもらい、脚の付け根あたりからソフト伸縮テープ（幅50mm）を巻き始めます。

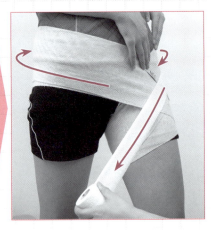

 股関節を内側に寄せるイメージで巻くと良い。レシーブ時に感じる痛みを軽減できる

COLUMN

ポジションのとり方

自然に立った状態から、開いたときに痛みのある太もも側の足を1歩前に出します。左右の太もも上部のあいだを少し開いておき、バンテージやテープを巻きやすくしておきます。

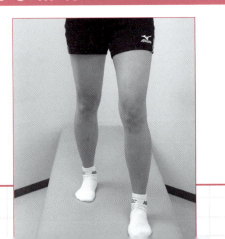

PART❷ 体幹部・股関節

6 ソフト伸縮テープで太ももを1周する

ソフト伸縮テープ（幅50mm）でバンテージに重ねるように、太ももを1周させ、脚の付け根あたりに戻ってきます。

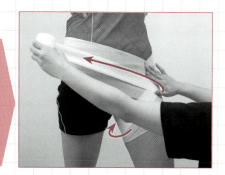

7 背後に回して股関節の前に戻る

そのまま反対の骨盤の上から背後に回し、腰をおおうようにして股関節の前に戻ってきます。

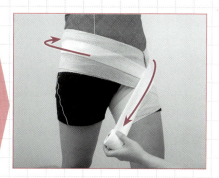

8 太ももを、もう1周させる

そのまま6に重ねるように太ももをもう1周させ、始めの位置から前に運びます。

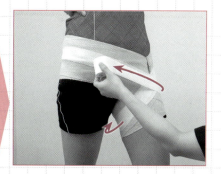

9 背後をもう1周して股関節の前に戻る

そのまま7に重ねるように反対の骨盤の上から背後に回し、腰をおおうようにして股関節の前に戻ってきたら完成です。

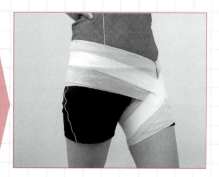

53

股関節のテーピング・応用編
太ももを内側に入れると痛みがあるとき

股関節のテーピングは、太ももをどう動かすと痛いかによって巻き方が変わってきます。どの部位が、どうなると痛いのか、事前に確認しましょう。

> **症状** こんなときにオススメ！
> ・太ももを内側に入れると痛みがあるとき

1 太もも最上部から巻き始める

太ももを内側に入れると痛い側の股関節の内側を始点とし、バンテージ（伸縮包帯）を引っ張りながら太ももの最上部にあてて巻き始めます。

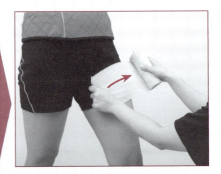

2 太もも最上部を周回させる

太ももの外側から後ろを回すようにして太もも最上部を周回させます。

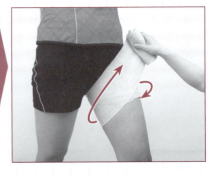

 POINT 股関節を内側に入れると痛みを感じるときは、外側に引っぱるイメージで巻くと良い

3 背後に回して正面に出てくる

骨盤の上部から腰の背中側を回し、反対側の骨盤から正面を通って、始めの位置に戻ってきます。

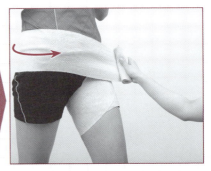

PART❷ 体幹部・股関節

4 太もも最上部を周回させる

2に重ねるように太もも最上部を周回させます。

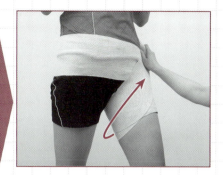

5 背後をもう1周しおへその位置に戻る

3に重ねるように骨盤の上部から腰の背中側を回し、反対側の骨盤から正面へ。バンテージの端を本人に抑えてもらい、巻き終えたらソフト伸縮テープ（幅50mm）を巻き始めます。

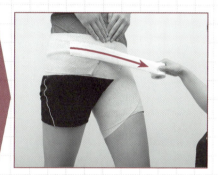

6 ソフト伸縮テープで太ももを1周する

バンテージに重ねるように太ももを1周させ、脚の付け根あたりに戻ってきます。

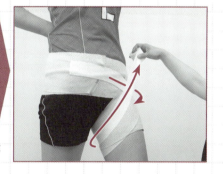

 痛みのある部分でテープをクロスさせることでプレー中に効果をしっかり実感できる

7 ソフト伸縮テープで腰を1周する

そのまま骨盤の上部から腰の背中側を回し、反対側の骨盤から正面を通って、腰の側面まで巻いたら完成です。よりしっかり固定したい場合は、太ももと腰をもう1周させます。

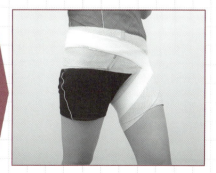

column **02**

…ケガをしたときの応急処置…

ケガをしたら患部を冷やして
圧迫・固定し安静にする

バレーボールの競技中にケガをしたときは、何より
も迅速な応急処置を行うことが大切です。そのときの
処置法で、ケガのダメージやその後の回復状態が大き
く変わってくるのです。

応急処置の基本は、「R.I.C.E」と呼ばれる処置法
になります。

「R」はRest、安静にすることです。そして、
「I」のIceである冷却。氷を入れたビニール袋などで
患部を冷やします。「C」はCompression、圧迫で
す。患部の内出血と腫れを抑えるために、軽く圧迫し
固定します。アイシングと合わせて行うことで、より
効果が増します。そして、「E」のElevation、挙上
です。安静にしつつ、患部を心臓よりも高い位置に上
げ、血流を抑えます。これにより、腫れを防ぐことが
できます。

以上の方法をとることで、短期間でケガを治すこと
に役立つことでしょう。

PART ③

脚部・足部

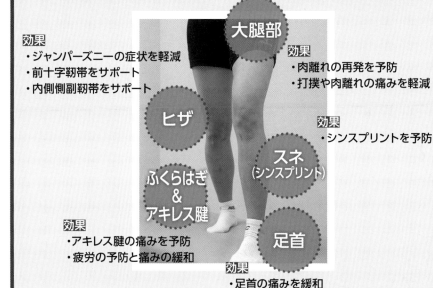

効果
・ジャンパーズニーの症状を軽減
・前十字靭帯をサポート
・内側側副靭帯をサポート

大腿部

効果
・肉離れの再発を予防
・打撲や肉離れの痛みを軽減

ヒザ

効果
・シンスプリントを予防

スネ（シンスプリント）

ふくらはぎ＆アキレス腱

足首

効果
・アキレス腱の痛みを予防
・疲労の予防と痛みの緩和

効果
・足首の痛みを緩和
・カカトや足裏の痛みを軽減

下半身ではヒザのケガが断トツに多く、なかでもジャンプ動作の繰り返しにより、ヒザのお皿の下の靭帯が傷みやすくなる「ジャンパーズニー」がよく知られています。痛めやすい足首やアキレス腱もしっかりケアしましょう。

ヒザ -Knee-

ジャンプやレシーブでヒザにかかる負担を軽減する

大きな関節であるヒザは、大腿骨、脛骨、膝蓋骨で構成され、4本の靭帯が支持しています。脚部の大きな動きを可能にしている一方、不安定でケガを起こしやすい部位です。

▼ 使用するテーピング ▼

アンダーラップ：ジャンパーズニー①、前十字靭帯、内側側副靭帯

ソフト伸縮テープ（幅25mm）：ジャンパーズニー①

ソフト伸縮テープ（幅75mm）：前十字靭帯、内側側副靭帯

ハード伸縮テープ（75mm）：前十字靭帯、内側側副靭帯

キネシオタイプのテープ（幅75mm）：ジャンパーズニー②

ヒザ (P.60〜)

ジャンパーズニーの痛みを軽減

ジャンパーズニーは、ジャンプなど膝関節の屈伸動作を頻繁に行い、大腿四頭筋がヒザの下にある膝蓋靭帯を引っ張ることで炎症を起こします。

症状 こんなときにオススメ！
・ジャンプ時にヒザ下が痛む
・ヒザをある角度に曲げると痛む

防止 このケガを予防！
・ジャンパーズニーの再発と痛みの軽減

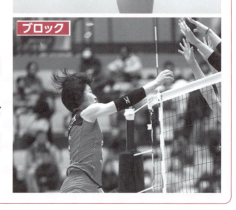
ブロック

PART❸ 脚部・足部・ヒザ

前十字靭帯 (P.64〜)
ヒザ関節をサポート

前十字靭帯は、ヒザ関節の前へのズレとねじれを制限します。ジャンプ着地時など、スネが前方への可動域を超えた場合に損傷し、ヒザの不安感と痛みが発生します。

症状 こんなときにオススメ！
・ヒザ下が痛む
・ヒザが抜けるような不安感がある

防止 このケガを予防！
・ヒザの痛みを軽減
・ヒザが抜けるような不安感の解消

スパイク

内側側副靭帯 (P.70〜)
ヒザの外反を制限する

ヒザの内側にある内側側副靭帯は、転倒やジャンプの着地時に、ヒザが外側から内側に強い力を受けて、ヒザが「くの字」に曲げられることで損傷します。

症状 こんなときにオススメ！
・ヒザの内側に体重を乗せると痛む
・内側に不安定感がある

防止 このケガを予防！
・ヒザの痛みを軽減
・ヒザが外反するのを制限

スパイク

59

ジャンパーズニーを予防する
ヒザのテーピング

1 アンダーラップでヒザのすぐ下を覆う

アンダーパッドを引き伸ばしながら、膝蓋腱（ヒザのすぐ下）を覆うように数周巻き、ある程度の厚さにします。

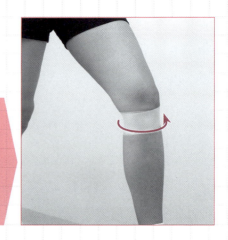

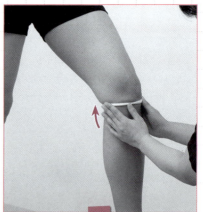

2 アンダーラップを下の端から丸める

巻いたアンダーラップを、下の端から上に向かって巻いていきます。アンダーラップをバンド状にすることで、靭帯を圧迫する役割を果たします。

 アンダーラップは、痛みを軽減したい場所に当たるように位置を確認しながら丸める

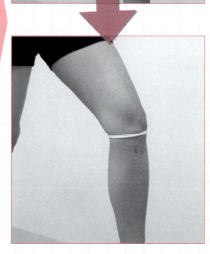

PART❸ 脚部・足部・ヒザ

3 上からソフト伸縮テープを巻いていく

丸めたアンダーラップの上から、ソフト伸縮テープ（25mm）を巻いていきます。

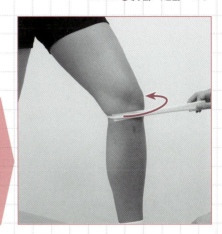

4 ズレないように巻いて固定させる

ソフト伸縮テープ（25mm）をアンダーパッドからズレないように巻き、固定できたら完成です。

POINT ジャンプ動作やレシーブ時に痛みがでる際に効果的なテーピング

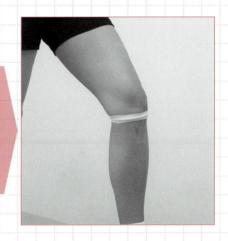

COLUMN

セットポジションのとり方

立った状態で足を一歩前に出し、ヒザを軽く曲げ、カカトの下に5cm程度の足台を置きます。つま先方向に軽く加重して、太ももの筋肉を緊張させた状態でテーピングを巻いていきます。

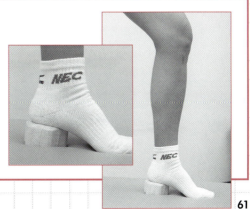

61

ジャンパーズニーを予防する
キネシオタイプのテープを使う

1 テープを3分の1ほど裂く

脚の付け根からヒザぐらいの長さのキネシオタイプのテープを、あらかじめハサミで切れ込みを入れ、約15cmほど裂きます。角を丸く切っておくと、貼った後に剥がれにくくなります。

2 裂いていない部分を太ももに貼る

裂いていない部分の裏面の紙を剥がし、ヒザのすぐ上から、太ももを上部に向かって貼っていきます。

 POINT テーピングを貼る前に端を二股に裂いておくことでキレイに貼ることができる

3 太ももの前部に、まっすぐ貼る

テープの上の端を軽く引っ張りながら、大腿四頭筋(太ももの前部)に沿って、脚の付け根あたりまでまっすぐ貼ります。

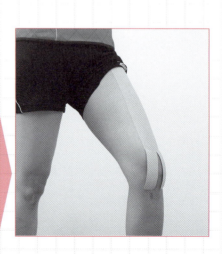

PART❸ 脚部・足部・ヒザ

4 裂いた部分で ヒザのお皿を囲む

ヒザを軽く曲げた状態で、キネシオタイプのテープの裂いた部分を、ヒザのお皿を囲むように貼ります。

 お皿部分にテープを貼る際に引っぱり過ぎるとプレー中に違和感がでてしまうので注意

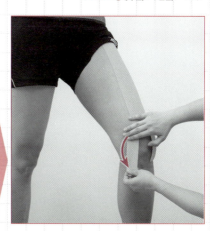

5 お皿を1周する

左右のテープがヒザのお皿を囲み、それぞれのテープの端が脛骨粗面（ヒザ下の出っ張った骨）で止まるようにします。

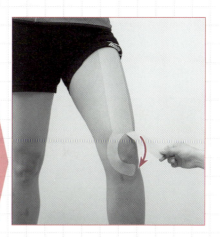

6 左右のテープを 交差させる

左右のテープの端が脛骨粗面で交差できたら完成です。

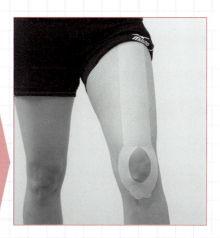

63

ヒザ関節のねじれを予防する
前十字靭帯のテーピング

1 アンダーラップを太ももからスネまで巻く

テープを巻く部位の皮膚を保護するためのアンダーラップを巻きます。患部はヒザですが、太ももの中ほどからスネぐらいまでの範囲で巻きます。

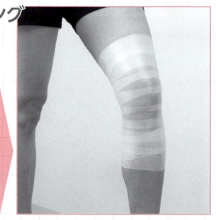

2 上端と下端に伸縮テープを巻く

アンダーラップの上端と下端に、それぞれソフト伸縮テープ（75mm）を1〜2周巻きます。

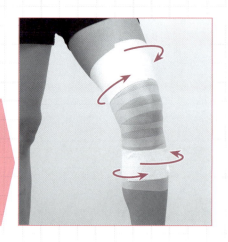

3 ハード伸縮テープをらせん状に上に巻く

ハード伸縮テープ（75mm）をスネの外側から巻き始めます。ヒザのすぐ下を通って、ヒザ裏を回り、太ももの前面までらせん状に引き上げるように巻いていきます。

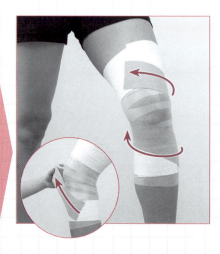

PART❸ 脚部・足部・ヒザ

4 ハード伸縮テープを逆回りに巻く

3と逆回りになるように、ハード伸縮テープ（75mm）をスネの内側から巻き始めます。ヒザのすぐ下を通って、ヒザ裏を回り、太ももの前面までらせん状に引き上げるように巻いていきます。

 ももの上からヒザ下まで交差部分がまっすぐ一直線になるように巻くのがコツ

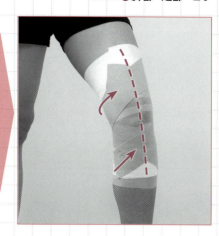

5 ハード伸縮テープを、ななめに貼る

ハード伸縮テープ（75mm）をスネの外側からヒザのすぐ下を通り、太ももの内側まで貼ります。

 ヒザの真裏をテープが通るように意識することでしっかり固定できる

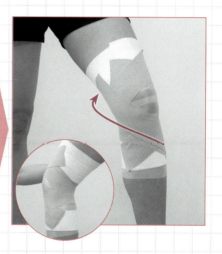

6 ハード伸縮テープを交差するように巻く

5と交差するように、ハード伸縮テープ（75mm）をスネの内側からヒザのすぐ下を通り、太ももの外側まで貼ります。

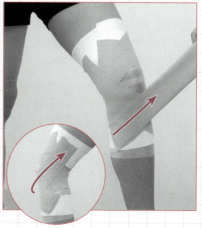

ヒザ関節のねじれを予防する
前十字靭帯のテーピング

7 ハード伸縮を ヒザ裏に合わせる

ハード伸縮テープ（75mm）をヒザの裏から左右にテープを伸ばし、左右からヒザ前面を覆えるぐらいの長さで切ります。

8 テープの両端に 切れ込みを入れる

テープの両端にハサミで切り込みを入れて、お皿のあたりのところまで手で半分に裂きます。

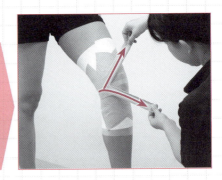

9 テープの両端で お皿を囲んで貼る

幅を半分にした左右それぞれの両端を、ヒザのお皿を囲むようにまっすぐ伸ばして貼ります。

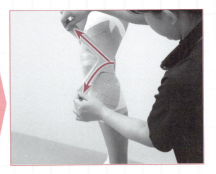

10 上端と下端に 伸縮テープを巻く

2に重ねるように、上端と下端にそれぞれソフト伸縮テープ（75mm）を1周巻きます。

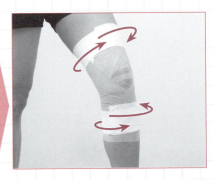

前十字靭帯のテーピング・応用編

PART❸ 脚部・足部・ヒザ

前十字靭帯損傷復帰後に不安がある場合

前十字靭帯の損傷が完治しているものの不安があるときのテーピングの方法です。テープをらせん状に巻き、ヒザ回りを固定します。

症状 こんなときにオススメ！
・ヒザ下に軽い痛みがある
・回復したものの、不安感がある

防止 このケガを予防！
・ヒザの不安感を軽減する

1 テープで固定する

P62〜64の1〜4と同じように巻きます。そこからソフト伸縮テープ（75mm）を太ももの前面から巻き始めます。

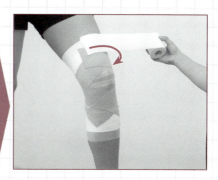

2 伸縮テープを太ももで1周する

ソフト伸縮テープ（75mm）を太ももで1周させます。

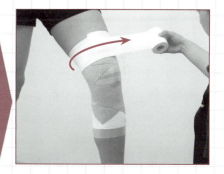

3 下にズラして、もう1周する

そのまま太ももを2cmほど下にズラしてもう1周します。

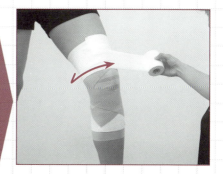

前十字靭帯のテーピング・応用編

4 ヒザの前面ではヒザ下を通す

さらにそのままヒザの裏を回り、前面ではヒザのすぐ下を通ります。

POINT キツく締めすぎるとプレー中に違和感がでることも。動きに影響がでない程度に巻く

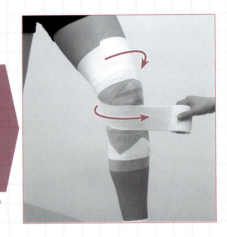

5 ヒザの下を1周させる

そのままヒザの下を1周させます。

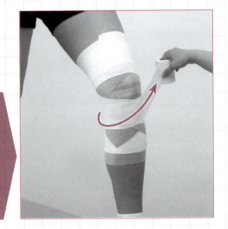

6 ヒザの前面でヒザの上を通す

ヒザの裏を回り、前面ではヒザのすぐ上を通ります。

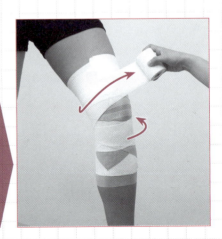

PART❸ 脚部・足部・ヒザ

7 ヒザの前面でヒザ下を通す

ヒザの裏を回り、前面ではヒザのすぐ下を通ります。

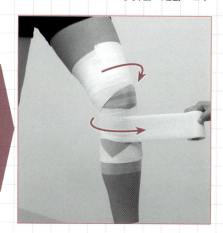

 ヒザの裏を回すときは、ヒザの真裏をテープが通るように注意する

8 ヒザの下を1周させる

そのままヒザの下を1周させます。ヒザの裏を通ったテープはすべて重なり合います。

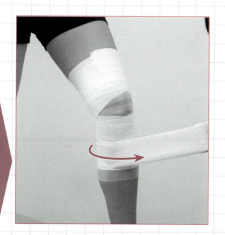

9 ヒザを露出させ関節をスムーズにする

固定できたら完成です。ヒザを露出させることで、ヒザ関節の動きが制限されずスムーズになります。

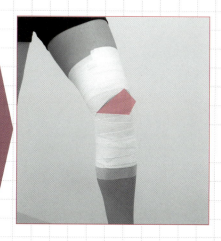

 ヒザがひし形に露出していればOK。靭帯を保護しながらプレー中に動きやすくなる

69

ヒザの外反を予防する
内側側副靭帯のテーピング

1 アンダーラップを太ももからスネまで巻く

テープを巻く部位の皮膚を保護するためのアンダーラップを巻きます。太ももの中ほどからスネぐらいまでの範囲で巻きます。

2 アンダーラップ上端に伸縮を1周巻く

アンダーラップ上端の太ももに、ソフト伸縮テープ（75mm）を1周巻きます。

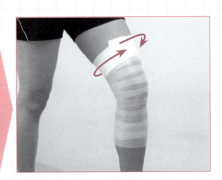

3 テープの半分ほど下にズラし伸縮を巻く

2から半分ほど下にズラし、ソフト伸縮テープ（75mm）を1周巻きます。

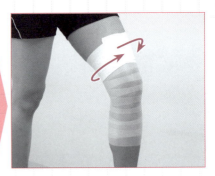

4 アンダーラップ下端に伸縮を1周巻く

アンダーラップ下端のスネに、ソフト伸縮テープ（75mm）を1周巻きます。

PART❸ 脚部・足部・ヒザ

5 ふくらはぎから ななめに上に巻く

ハード伸縮テープ（75mm）をふくらはぎから内側側副靭帯（ヒザの内側）に向かって伸ばし、太もも前面をななめに横切って、太ももの側面まで貼ります。

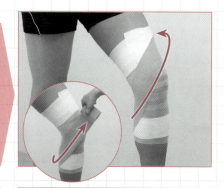

6 スネの外側から ななめに上に巻く

ハード伸縮テープ（75mm）をスネの外側からヒザ下を抜け、内側側副靭帯（ヒザの内側）を通って、太ももの裏側まで貼ります。靭帯部分で5と重なり合います。

 痛みを感じる側側副靭帯の上でテープを交差させることでしっかりと靭帯を保護できる

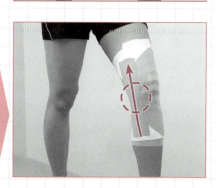

7 ヒザの内側に ハード伸縮を縦に貼る

内側側副靭帯（ヒザの内側）を通るように、ハード伸縮テープ（75mm）を縦に1本貼ります。

8 スネの外側から らせん状に巻く

ハード伸縮テープ（75mm）をスネの外側からななめ上に向かって巻き始めます。

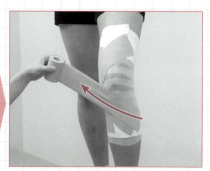

ヒザの外反を予防する
内側側副靭帯のテーピング

9 ヒザの内側を覆い裏から正面に抜ける

そのまま内側側副靭帯（ヒザの内側）を覆い、ヒザの真裏を通して、正面に抜けます。

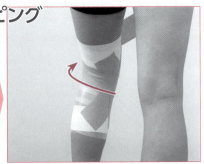

10 らせん状に太もも内側まで貼る

らせん状に太もも前面をななめに横切り、太ももの内側まで貼ります。

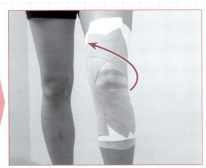

11 スネの内側から太ももの側面まで貼る

ハード伸縮テープ（75mm）をスネの内側から斜め上に向かいヒザの真裏を通して、ヒザの内側をおおい太もも前面に斜めに横切って太ももの側面まで貼ります。8〜10の逆向きに巻きます。

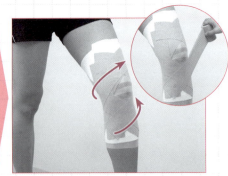

12 ヒザの裏から左右にテープを伸ばす

ハード伸縮テープ（75mm）をヒザの裏から左右にテープを伸ばし、左右からヒザ前面を覆えるぐらいの長さで切ります。

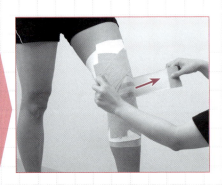

PART❸ 脚部・足部・ヒザ

13 テープの両端に切れ込みを入れる

テープの両端にハサミで切り込みを入れて、お皿の横あたりのところまで手で半分に裂きます。

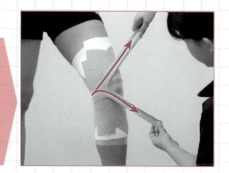

14 2分した端をまっすぐ伸ばして貼る

2分したテープの端をヒザのお皿を囲むようにまっすぐ伸ばして貼ります。

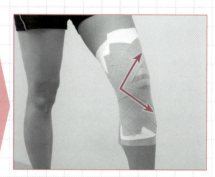

15 逆側の端もまっすぐ伸ばして貼る

逆側の端も同じように、ヒザのお皿を囲むようにまっすぐ伸ばして貼ります。

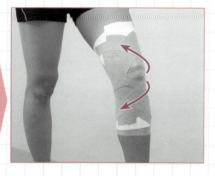

 ヒザが内側に入りづらくなるため、プレー中の痛みを軽減できる

16 上端と下端に伸縮テープを巻く

2に重ねるように、上端と下端にそれぞれソフト伸縮テープ（75mm）を1周巻きます。

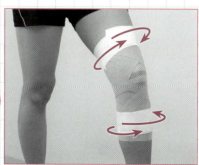

大腿部 -femur-

レシーブ時の大腿部の肉離れや打撲の痛みを軽減

太もも前面にある大腿四頭筋は、プレー中に打撲や肉離れといったケガをしやすい部位でもあります。ケガをしてしまったときはテーピングで痛みを軽減しましょう。

▼ 使用するテーピング ▼

ホワイトテープ（非伸縮テープ・幅38mm）：大腿部

アンダーラップ：大腿部

伸縮テープ（幅75mm）：大腿部

キネシオテープ：ハムストリングス

大腿部 (P.75〜)
打撲や肉離れの痛み軽減

太もも前面にある大腿四頭筋は、打撲や肉離れなどで損傷し、痛みを生じます。軽度でも腫れや内出血を伴うことがあります。

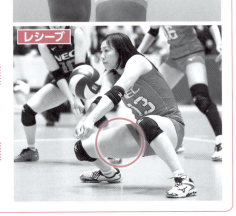

【症状】 こんなときにオススメ！
・ヒザの曲げ伸ばしで痛む
・歩行すると痛む

【防止】 このケガを予防！
・肉離れの再発と痛みの軽減

74

打撲や肉離れの痛みを軽減する
大腿部のテーピング

PART❸ 脚部・足部・大腿部

1 患部をはさむように ホワイトを縦に貼る

痛めた側の足を1歩前に出し、緊張させた状態で、太ももの内側と外側にそれぞれまっすぐ縦にホワイトテープ（幅38mm）を貼ります。

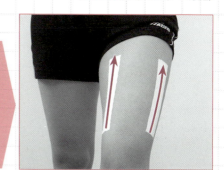

2 患部を挟むように 下から交差させていく

1で貼ったテープの下端から患部を挟むように、2本のホワイトテープ（幅38mm）を交差させて貼ります。下から持ち上げる意識で貼りましょう。

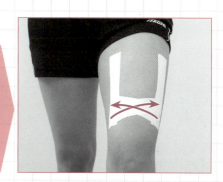

3 交差したテープで 太ももを覆う

2と同じように交差させる形で、テープ幅の半分程度上にズラしながら、ホワイトテープ（幅38mm）で太ももを覆います。

4 横向きのホワイトを 下端から貼る

圧迫を強くしたいときは、横向きのホワイトテープ（幅38mm）を下端からテープ幅半分程度ズラしながら巻く方向を交互に変えて貼っていきます。

 POINT 痛みのポイントがテーピングのちょうど真ん中にくるようにテープを貼る

打撲や肉離れの痛みを軽減する
大腿部のテーピング

5 横向きのホワイトで太ももを覆う

テープの半分程度の幅で上にズラしながら、ホワイトテープ（幅38mm）で太ももを覆います。

6 太ももの内と外にホワイトを縦に貼る

1と同じように、太ももの内側と外側にそれぞれまっすぐにホワイトテープ（幅38mm）を横向きのテープを止めるために貼ります。

7 アンダーラップを上に向かって巻く

テープと太もも全体を覆うように、アンダーラップを下から上に向かって巻きます。

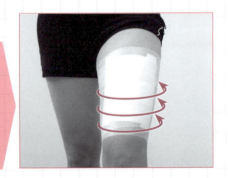

8 伸縮テープを上に向かって巻く

アンダーラップの上から、ソフト伸縮テープ（幅75mm）を下から上に巻きます。患部のところは強く、他はきつくなりすぎないように巻きます。

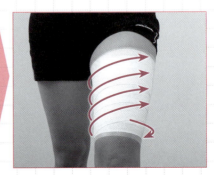

 痛みを軽減できるので、レシーブ時に踏ん張りが利くようになるメリットもある

ハムストリングをサポートするテーピング

PART❸ 脚部・足部・大腿部／ハムストリング

1 脚の付け根から下に向かって貼る

お尻のすぐ下、脚の付け根（やや内側）から下に向かってキネシオタイプのテープを貼っていきます。

POINT やや前傾姿勢をとるとハムストリングにストレッチがかかり筋肉のサポートが増す。

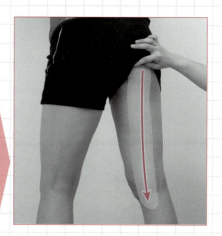

2 太もも裏側からヒザの内側へ貼る

キネシオタイプのテープを太ももの裏側を通り、ヒザの内側に向かって貼ります。

3 脚の付け根からヒザの外側へ貼る

1と並ぶようにキネシオタイプのテープをお尻のすぐ下、脚の付け根（やや外側）から太ももの裏側を通り、ヒザの外側に向かって貼ります。

POINT ハムストリングを肉離れしたときは、大腿部の前面（P74〜76）と同様の巻き方でも効果があります。

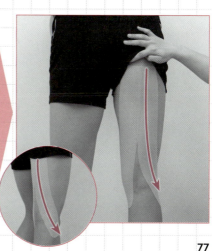

ふくらはぎ&アキレス腱 -Calfr & Achilles tendon-

ジャンプや着地での衝撃とケガを緩和

ふくらはぎやアキレス腱は、ジャンプしたときの着地の衝撃を受けてケガをしやすい部位です。痛みがある場合はテーピングでケアしましょう。

▼ 使用するテーピング ▼

キネシオタイプのテープ
（75cmまたは50cm）
※カラダの大きさで変える

ふくらはぎ・アキレス腱 (P.79)

痛み軽減や疲労予防

下腿三頭筋やアキレス腱などで構成されるふくらはぎは、切り返す、跳ぶといった基本動作に関わり、疲労の蓄積や急激な動きにより痛みが起こりやすい部位です。

症状 こんなときにオススメ！
・アキレス腱に張りを感じる
・切り返したり跳ぶと痛む

防止 このケガを予防！
・疲労の予防と痛みの軽減
・脚のつり

スパイク

痛みやケガを予防する
ふくらはぎ・アキレス腱のテーピング

PART❸ 脚部・足部・ふくらはぎ&アキレス腱

1 テープを カカトから貼る

うつ伏せになった状態で、キネシオタイプのテープをカカトから貼っていきます。

POINT 足首はやや背屈させてふくらはぎにストレッチをかけた状態で貼る

2 アキレス腱を通り、 ふくらはぎを覆う

キネシオタイプのテープを引っ張りながら、アキレス腱を通ってふくらはぎを覆うように貼ります。

POINT 途中まではテープにテンションをかけ、最後は引っ張り過ぎずに貼るのがコツ

3 カカトの内側から、 ふくはらぎ外側に貼る

キネシオタイプのテープ（2本目）をカカトのやや内側からアキレス腱を通り、ふくらはぎの外側に向かって貼ります。

4 カカトの外側から、 ふくらはぎ内側に貼る

キネシオタイプのテープ（3本目）をカカトのやや外側からアキレス腱を通り、ふくらはぎの内側に向かって貼ります。

スネ -shin-

シンスプリントの症状を軽減させたり発症を予防する

パワーを生かしたスパイクを多く打つアタッカーは、腕の酷使から肩に炎症や痛みを引き起こすケースが多くあります。

▼ 使用するテーピング ▼

キネシオタイプ
のテープ
（幅50mm）

パッド

アンダーラップ

ソフト伸縮テープ
（50mm）

スネ (P.81〜)

シンスプリントの痛みを軽減し疲労を予防する

ランニングやジャンプの反復により下腿の内側の骨に刺激が加わることと、足で地面を蹴る筋肉が下腿の骨の骨膜を引っ張ることで炎症が起こります。

症状 こんなときにオススメ！
・スネの内側に張りを感じる
・走ったり跳んだりすると痛む

防止 このケガを予防！
・張りの回復と痛みの軽減
・アーチが落ちるのを軽減

スパイク

シンスプリントを予防する
スネのテーピング

PART❸ 脚部・足部・スネ

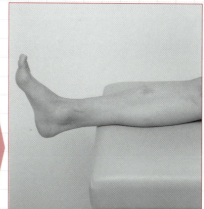

1 ヒザを伸ばして座る

寝台などの上でヒザを伸ばして座り、足首から先は寝台の外に出した状態から始めます。

2 足の裏から引っ張るように貼る

キネシオタイプのテープを足の裏から内側のくるぶしに向かって、引っ張るように貼ります。

 足裏のアーチを持ち上げるようなイメージでテープを引っ張ることで、アーチをサポートできる

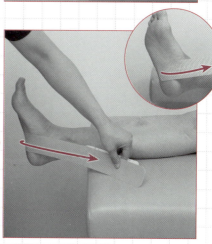

3 内側のくるぶしから、スネの内側を覆う

内側のくるぶしを通り、スネの内側を覆うように引っ張りながら貼ったら完成です。

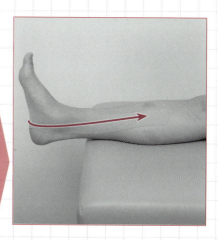

よりスネを圧迫させる
シンスプリントのテーピング

1 圧迫させるためにパッドをあてる

P80-81のようにキネシオタイプのテープを貼った後、さらに圧迫させたい場合は痛みがあるところにパッドをあてます。

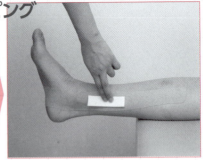

2 パッドの上からアンダーラップを巻く

パッドをあてた上からアンダーラップを巻きます。

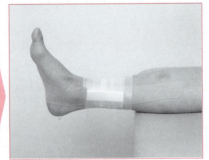

3 ソフト伸縮テープを内から外に巻く

ソフト伸縮テープ（幅50mm）を足首の内側から外側に引っ張るように下から巻いていきます。

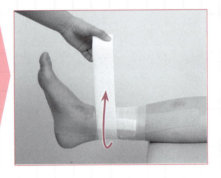

 ソフト伸縮テープを巻くときは、下から上へ強くテープを引っ張りスネを圧迫する

4 圧迫できたら完成

しっかり圧迫できたら完成です。

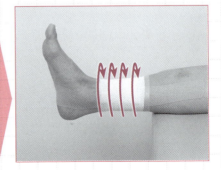

スネのテーピング・応用編　　　PART❸ 脚部・足部・スネ

脛骨と筋膜の癒着を剥がす

脛骨と筋肉の筋膜の癒着を解消するのに役立つテーピング方法です。圧迫する方向を変えることでスネの痛みを軽減することができます。

症状 こんなときにオススメ！
・シンスプリント
・スネの痛み

防止 このケガを予防！
・症状の悪化

1 アンダーラップまでは基本の手順を行う

キネシオテープを貼り、患部にパッドをあてた上からアンダーラップを巻くまではP82と同じです。

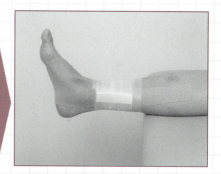

2 ソフト伸縮テープを外から内に巻く

ソフト伸縮テープ（幅50mm）を足首の外側から内側に引っ張るように下から巻いていきます。

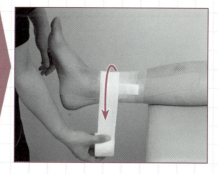

 テープを外から内へ巻くことで筋膜の癒着を解消しスネの痛みを軽減できる

3 骨と筋肉を剥がすイメージ

これによって骨と筋肉の癒着を剥がす方向に引っ張り、痛みを軽減します。

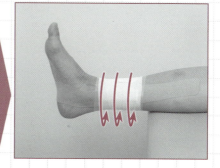

足首 -ankle-

プレー中の走る・跳ぶ動作で痛む足首をサポートする

バレーボールのプレー中は、走る、跳ぶ、着地するといった足首に負担のかかるシチュエーションが多く故障しやすい部位です。テーピングを有効活用することで、プレーに影響がでづらくすることができます。

▼ 使用するテーピング ▼

ヒール&レースパッド

ホワイトテープ
（非伸縮テープ・幅38mm）

ソフト伸縮テープ
（幅50mm）

アンダーラップ

キネシオタイプのテープ

足首 (P.85〜)

痛みの軽減や再発予防

足部は、走る、跳ぶなどの動作で常に大きな負荷がかかります。なかでも足首はもっともケガをしやすい部位で、その症状も多岐にわたります。

症状 こんなときにオススメ！
- 足首を動かすと痛む
- 走ったり跳んだりすると痛む

防止 このケガを予防！
- 痛みや不安定性を軽減
- 足関節捻挫の再発予防

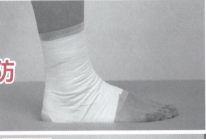

スパイク

痛む足首をサポートする
足首のテーピング

PART❸脚部・足部・足首

1 ワセリン付パッドを足首の表と裏に置く

寝台などの上でヒザを伸ばし、足首から先は寝台の外に出して始めます。カカトを直角にした状態で、ワセリンを塗ったレースパッドを足首の表（足の甲のやや上）と裏（アキレス腱の下部）に置きます。

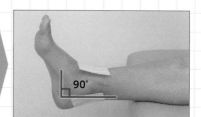

2 テープを巻く範囲にアンダーラップを巻く

足の甲からふくらはぎ下部にかけて、テープを巻く範囲を覆うようにアンダーラップを巻きます。

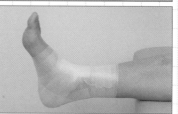

3 ふくらはぎ下部にホワイトを巻く

ホワイトテープ（幅38mm）をふくらはぎ下部に1周巻きます。

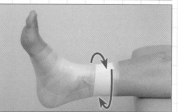

4 半分下にズラしてホワイトを巻く

ホワイトテープ（幅38mm）を3からテープ幅半分ほど下にズラして1周巻き、さらに半分ほど下にズラしてもう1周巻きます。

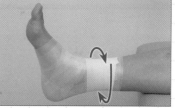

5 ホワイトを足の甲に巻く

ホワイトテープ（幅38mm）を足の甲と足の裏を通るように1周巻きます。

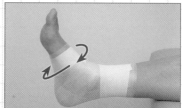

6 足首の内側から足首の外側まで貼る

ホワイトテープ（幅38mm）を足首の内側（くるぶしのやや上）から足の裏を通り、足首の外側（くるぶしのやや上）まで貼ります。

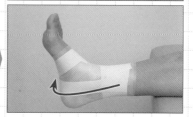

痛む足首をサポートする
足首のテーピング

7 両端を1cmズラし ホワイトを貼る

6と同じようにホワイトテープ（幅38mm）を貼ります。貼り始めは1本目のテープの半分ほど上にズラし、外側は1本目より下にズレて終わります。

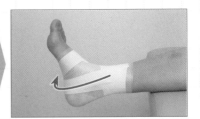

8 両端を1cmズラし、 もう1本貼る

6と同じようにホワイトテープ（幅38mm）を貼ります。貼り始めは1本目のテープの半分ほど下にズラし、外側は1本目より上にズレて終わります。

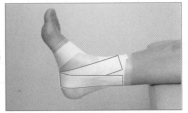

9 ふくらはぎ下部に ホワイトを巻く

6〜8で貼ったテープの両端を抑えるように、ホワイトテープ（幅38mm）をふくらはぎ下部に1周巻きます。

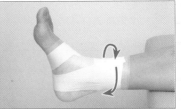

10 足首の前面から 足の外側に向かう

ホワイトテープ（幅38mm）を足首の前面（スネの下）から足の外側に向かって巻いていきます。

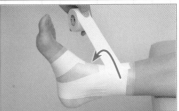

11 足の内側から カカトを覆う

そのまま足の内側に出て、カカトを覆いロックします。

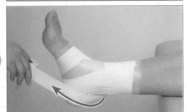

12 足の裏を通り 足の甲まで貼る

カカト寄りの足の裏を通って、足の外側から足の甲まで貼ります。

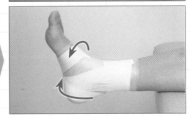

PART❸ 脚部・足部・足首

13 足首の前面から足の内側に向かう

ホワイトテープ（幅38mm）を足首の前面（スネの下）から足の内側に向かって巻いていきます。

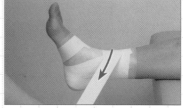

14 カカトを覆い足の裏に向かう

そのまま外側のカカトを覆い、足の外側から足の裏に向かってカカトをロックしていきます。

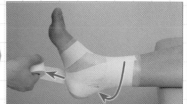

15 足の内側から足の甲まで貼る

足の内側から足の甲まで貼ります。

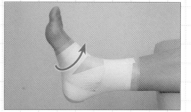

16 足首の内側から足の裏に向かう

ホワイトテープ（幅38mm）を足首の内側（くるぶし近く）から足の裏に向かって貼ります。

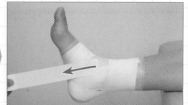

17 足の裏を通り足首の外側まで貼る

足の裏を通り、足首の外側（くるぶし近く）まで貼ります。

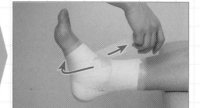

18 足首の前面から足の内側に向かう

ホワイトテープ（幅38mm）を足首の前面（スネの下）から足の内側に向かって巻いていきます。

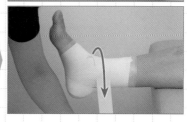

痛む足首をサポートする
足首のテーピング

19 アキレス腱を通り足首を1周巻く

そのままアキレス腱を通り、足首を1周巻きます。

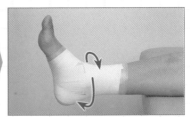

20 足の外側から足の内側まで貼る

ホワイトテープ（幅38mm）を足の外側からアキレス腱を通り、足の内側まで貼ります。

21 テープ半分ほど上にズラしホワイトを貼る

20で貼ったテープから半分ほど上にズラして、ホワイトテープ（幅38mm）を足の外側からアキレス腱を通り、足の内側まで貼ります。

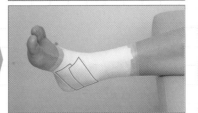

22 半分上にズラし足首を1周する

21で貼ったテープから半分ほど上にズラして、ホワイトテープ（幅38mm）を足首の前面（スネの下）からアキレス腱を通るように1周させます。

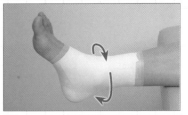

23 半分上にズラし足首を1周する

22で貼ったテープから半分ほど上にズラして、ホワイトテープ（幅38mm）をふくらはぎ下部に1周巻きます。

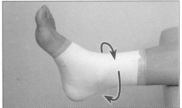

24 半分上にズラし足首を1周する

23で貼ったテープから半分ほど上にズラして、ホワイトテープ（幅38mm）をふくらはぎ下部に1周巻きます。

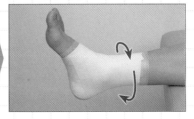

PART ❸ 脚部・足部・足首

25 半分上にズラし足首を1周する

24で貼ったテープから半分ほど上にズラして、ホワイトテープ（幅38mm）をふくらはぎ下部に1周巻きます。

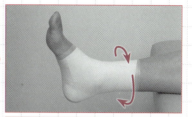

26 足首全体を覆い固定する

テープが足首全体を覆い、固定されたら完成です。

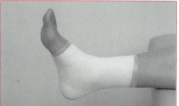

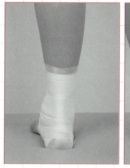
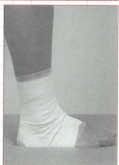

 足の大きさによって20〜25での巻く回数は変わる

COLUMN

ワセリンの役割とつけ方

足首の前後など、テープと皮膚とのあいだで摩擦を生じやすい部分には、ワセリンを使用する方法がオススメです。ワセリンをヒール＆レースパッドに塗り、それをあててからテーピングを行うことで皮膚を摩擦から守ってくれます。

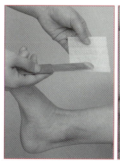

足首のテーピング・応用編
足首に可動域を出したいとき

> **症状** こんなときにオススメ！
> ・痛みが軽いとき
> ・不安定感が少ないとき

足首の痛みが軽いときや、固いテープに抵抗があるときはガチガチに巻かずに、ある程度可動域のでる巻き方を採用しましょう。

1 アンダーラップの上にホワイトを巻く

テープを巻く範囲を覆うようにアンダーラップを巻き、ホワイトテープ（幅38mm）をふくらはぎ下部に1周ずつ3回ほど巻きます。

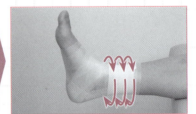

2 足首の内側から足首の外側まで貼る

ホワイトテープ（幅38mm）を足首の内側（くるぶしのやや上）から足の裏を通り、足首の外側（くるぶしのやや上）まで貼ります。

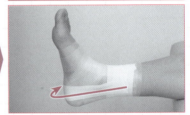

3 両端を半分ズラしホワイトを貼る

2と同じようにホワイトテープ（幅38mm）を貼ります。貼り始めは2で貼ったテープから半分ほど上にズラします。

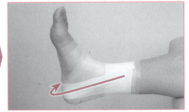

4 両端を半分ズラし、もう1本貼る

2と同じようにホワイトテープ（幅38mm）を貼ります。貼り始めは2で貼ったテープから半分ほど下にズラします。

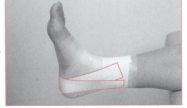

5 ふくらはぎ下部にホワイトを巻く

2〜4で貼ったテープの両端を抑えるように、ホワイトテープ（幅38mm）をふくらはぎ下部に1周巻きます。

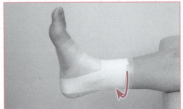

PART❸ 脚部・足部・足首

6 足首の前面から足の外側に向かう

ホワイトテープ（幅38mm）を足首の前面（スネの下）から足の外側に向かって巻いていきます。

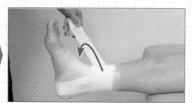

7 足の外側から、カカトを覆う

そのまま足の外側から内側のカカトを覆います。

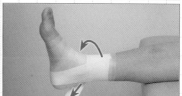

8 カカトを覆い足の内側に出る

カカトを覆うようにして、足の内側に出てきます。

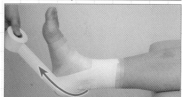

9 足の裏を通り足の甲まで貼る

カカト寄りの足の裏を通って、足の外側から足の甲まで貼ります。

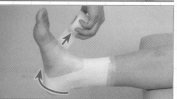

10 足首の前面から足の内側に向かう

ホワイトテープ（幅38mm）を足首の前面（スネの下）から足の内側に向かって巻いていきます。

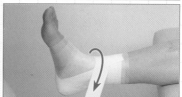

11 足の内側から足の裏を通り、足の甲まで貼る

アキレス腱を通って足の外側に回り、外側のカカトをおおい足の裏まで伸ばします。

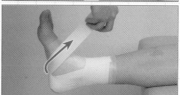

12 足首の内側から足の裏に向かう

ホワイトテープ（幅38mm）を足首の内側（くるぶし近く）から足の裏に向かって貼ります。

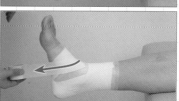

足首のテーピング・応用編

13 足首の前面に戻り足首を1周する

ホワイトテープ（幅38mm）を足裏から足首前面を通り足首を1周します。

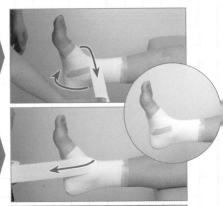

14 ソフト伸縮テープを足首の内側から伸ばす

ソフト伸縮テープ（幅50mm）を足首の内側（くるぶしのやや上）から足の裏に向かって伸ばします。

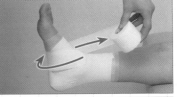

15 足の裏を通り足の前面に回る

そのまま足の裏を通って、足の前面に回ります。

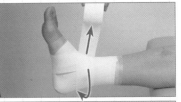

16 足首を1周させ足の外側に回る

足の外側から足の甲のやや上を通り、内側のくるぶしからアキレス腱を通って、足の外側に回ります。

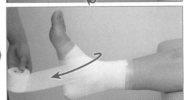

17 足の甲を通り足の裏に向かう

足の外側から足の甲のやや上を通り、足の裏に向かいます。

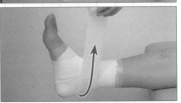

18 足の裏からアキレス腱を回る

足の裏から足の外側に出て外側のカカトをおおい、アキレス腱を通って足の内側に出ます。

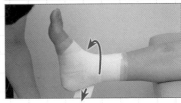

19 足首を1周しアキレス腱に向かう

内側から足首を1周し、足の外側を通ってアキレス腱に向かいます。

PART❸ 脚部・足部・足首

20 足の裏を通り足の外側に出る

アキレス腱から内側のカカトをおおい足の裏を通り、足の外側に出ます。

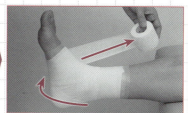

21 足の甲を通り足首を1周させる

足の外側から足の甲のやや上を通り、足の内側から足首を1周して足の外側に出ます。

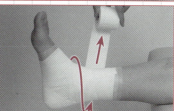

22 テープの半分上にズラし足首を1周させる

そのままヒザ側に1cmほどズラしながら、ふくらはぎ下部を1周させます。

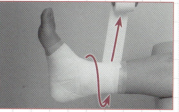

23 テープで足首全体を覆い固定する

テープが足首全体を覆い、しっかり固定されたら完成です。

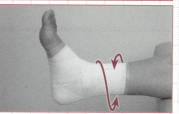

COLUMN

複数テープを使用するメリット

複数のテープを使用することで、ホワイトテープだけで巻くよりもサポート力が軽減し、足首の可動域を広げることができます。

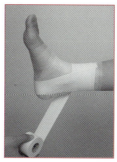

足首のテーピング・応用編

キネシオタイプのテープで関節の運動をサポートする

伸縮性の高いキネシオタイプのテープは、やや引っ張りながら使用します。それによって筋力を補い、関節の運動をサポートします。

> **症状** こんなときにオススメ！
> ・痛みが軽いとき
> ・不安感が軽いとき

1 テープを足首の前面から巻く
キネシオタイプのテープを足の甲からスタートし、足の内側から足の裏に向けて伸ばします。

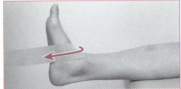

2 足の裏を通り足首の前面に戻り足首を1周する
足の裏から足の外側に抜け、足首の前面の最初の場所に戻り足首を1周します。

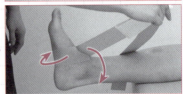

3 足の甲から足の裏に向かう
足首の前面から足の裏へ向かいます。

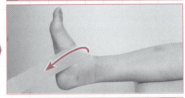

4 足の裏からカカトの外側へ回る
さらにそのまま足の裏からカカトの外側へと回ります。

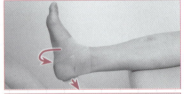

5 足首→アキレス腱→カカトとまわす
足首を1周してからアキレス腱を覆うようにしてカカトの内側へと回ります。

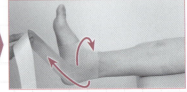

6 足の裏を通り足の甲へと戻る
足の裏を通り、足の外側から足の甲へと戻って完成です。

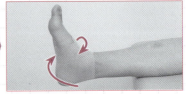

外反母趾の痛みを軽減する
足裏のテーピング

PART❸ 脚部・足部・足首

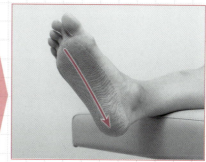

1 足裏全体にテープを貼る

足の裏のツボ「湧泉」（足でグーを作ったときに一番へこんでいる部分）を押しながら、足裏全体にキネシオタイプのテープ（75mm）を貼ります。

2 指側を広げ足裏全体に2枚貼る

カカト部分は1と重ね、湧泉を押しながら足裏全体を覆うようにキネシオタイプのテープ（50mm）を2枚貼ります。

 湧泉のツボを押しながら足裏にアーチをつくった状態でテーピングを張る

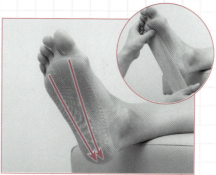

3 親指を外側に引っ張り足の内側に貼る

親指を外側に引っ張るようにして、親指の付け根から足の内側を通り、カカトの内側までキネシオタイプのテープ（50mm）を貼ります。

 親指と小指を引っ張って広げながら張ることで効果を発揮する

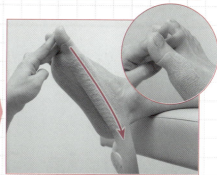

4 小指を引っ張り足の外側に貼る

小指を外側に引っ張るようにしてカカトから足の外側を通り、小指の付け根までキネシオタイプのテープを貼ったら完成です。

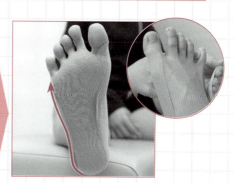

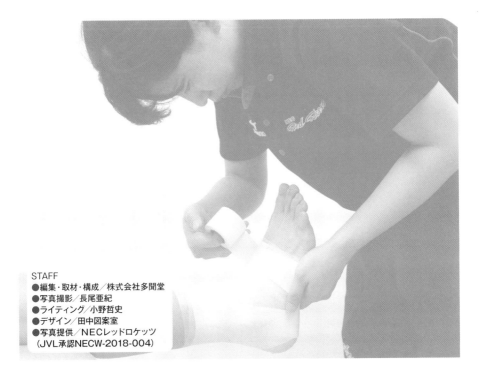

STAFF
- 編集・取材・構成／株式会社多聞堂
- 写真撮影／長尾亜紀
- ライティング／小野哲史
- デザイン／田中図案室
- 写真提供／NECレッドロケッツ
 （JVL承認NECW-2018-004）

バレーボール 勝つ！テーピングのコツ
目的別 完全マニュアル

2018年6月30日　第1版・第1刷発行

監修者	NEC レッドロケッツ
発行者	メイツ出版株式会社
	代表者　三渡 治
	〒102-0093東京都千代田区平河町一丁目1-8
	TEL：03-5276-3050（編集・営業）
	03-5276-3052（注文専用）
	FAX：03-5276-3105
印　刷	三松堂株式会社

●本書の一部、あるいは全部を無断でコピーすることは、法律で認められた場合を除き、著作権の侵害となりますので禁止します。
●定価はカバーに表示してあります。
©多聞堂,2018.ISBN978-4-7804-2053-1 C2075 Printed in Japan.

ご意見・ご感想はホームページから承っております。
メイツ出版ホームページアドレス http://www.mates-publishing.co.jp/

編集長：折居かおる　企画担当：堀明研斗